la petite vermillon

Je, Gauguin

Du même auteur

ROMANS

Les Antipodes, Seuil.

L'Atelier du Tropique, Saint-Germain-des-Prés.

Waterman Bleu-Noir, Laffont.

Tahiti Jim, Laffont.

Dieudonné Soleil, Laffont.

Paradis, Paradis, Laffont.

Fin de Partie au Sans-Souci, Laffont.

Veilleur, où en est la vie ?, Laffont.

Au Soleil des Vivants, Lattès.

Tentative de fuite, Plon.

Jean-Marie Dallet

JE, GAUGUIN

Récit

La Table Ronde
7, rue Corneille, Paris 6e

Première publication : Robert Laffont, 1981.

ISBN 2-7103-2604-3.

« Vis-à-vis de Gauguin et de Van Gogh, j'ai un net complexe d'infériorité parce qu'ils ont su se perdre. Gauguin par son exil, Van Gogh par sa folie. [...] Je pense de plus en plus que pour atteindre à l'authenticité il faut que quelque chose craque. »

Jean-Paul SARTRE,
Carnets de la drôle de guerre.

D'abord c'est Paris et moi, Paris tout en violences et en barricades, moi simplement têtard rouge qui vient de naître, alors que les pavés volent au-dessus des rues Saint-Jacques et Saint-Denis, Paris où l'on se tabasse, où l'on meurt, artisans et ouvriers en nippes rapiécées contre soldats rouge et or chevauchant sabre au poing, moi qui, ce 7 juin, au 52 de la rue Notre-Dame-de-Lorette, mais garçon encore accroché au ventre d'Aline, suant, criant, violent déjà, tandis que Clovis, le géniteur, court rejoindre les camarades républicains qui se bousculent et fuient, maladroits, la charge des hommes de Cavaignac, le général Cavaignac. C'est juin 1848, c'est la révolution en juin, c'est l'année, c'est le mois où je naquis, tout est parti de là et cela a duré cinquante-cinq ans.

Cinquante-cinq ans, ma vie à moi qui du fond de la mort ressasse tout en long et en couleur, une vie trop vite close en cette tombe du bout du monde où, bien allongé à plat sur ce qu'il me reste de dos, avec du sable noir des Marquises débordant de mes orbites fixées sur un ciel de terre, je peux revivre – privilège extrême, épreuve extrême qui me vaudront peut-être enfin l'éternel salut ? – le temps trop court où, bon pied bon œil, droit sur mes pattes, millions de couleurs plein les yeux, pinceaux à pleines mains et femmes enfants droit devant à hauteur de paréo, je croyais encore aux vertus de la volonté et aux réjouissances de l'art, je croyais encore à l'avenir, moi, Eugène Henri Paul Gauguin, même si, déjà, il n'y avait plus d'avenir.

Tout est fini, on compte les morts – des milliers –, on expédie en Algérie les insurgés survivants afin qu'ils y cassent des cailloux sous le soleil. Répression ! De la répression partout et le petit Napoléon s'agite, sera bientôt là. Il est temps pour Clovis – fort cœur républicain, journaliste au modeste talent –, pour Aline – jolie femme, douce mère –, pour les deux enfants – Marie et moi – d'embarquer pour un lointain Pérou où, là-bas, peut-être, nous aideront d'inconnus mais réels parents. Les parents, la famille, j'en parlerai, litanie obligée, inévitable si l'on veut savoir avec quelle hérédité carburera le nouveau venu, si l'on veut comprendre d'où vient ce petit, où je risque d'aller, blabla inévitable, papa maman et plus loin au-delà. Ainsi, du côté de Clovis Gauguin il faut regarder vers le Gâtinais où, près de Courtenay, un village s'appelle même Les Gauguins, et ces

Gauguin les voilà qui jardinent depuis le XVIIe siècle aux alentours d'Orléans, de père en fils, mis à part Guillaume, le père de mon père, épicier à la Croix-Saint-Marceau, mis à part Zizi, le frère de mon père, bijoutier à Orléans, ah ! quelle aventure, quel tableau ! Il faut plutôt regarder du côté maternel, du côté d'Aline Gauguin, née Chazal, pour trouver du mouvement, des cris, du talent même et même du sang, fait divers à la une grâce à grand-maman, rien de moins qu'une pasionaria vraiment : n'était-ce pas Flora Tristan, Flora à l'enfance misérable près de la place Maubert, entre putes et voyous, bercée par les contes vrais que chantait sa mère pour lui faire oublier la pauvreté et l'humiliation ? N'était-ce pas le père de Flora ce flamboyant don Mariano de Tristan Moscoso, neveu de l'archevêque de Grenade, enfant de haute noblesse aragonaise dont la famille, installée depuis longtemps dans la colonie espagnole du Pérou, y détenait immenses richesses et grands pouvoirs ?

Le Pérou nous y sommes, du moins on en parle déjà, car don Mariano n'y retournera pas, sera même mis en terre à Paris pour cause d'apoplexie, tandis que Thérèse Laisnay, son illégitime compagne, se retrouvera à la rue, ignorée, bafouée, avec deux enfants dont Flora née en 1803, quelle aventure, quelle histoire ! Et c'est la misère, l'enfance entourée de crasse et d'odeurs de graillons – eaux usées à pleine volée sur les trottoirs, mendiants, truands, tapins sur les trottoirs –, avec la course à la mangeaille quotidienne, avec les sales types qui crient des obscénités à l'enfant Flora, troublante, belle déjà, courant sur les trottoirs entre la rue Galande et la place Maubert où déjà, revenant de chez le boucher, la mercière, le laitier, rougissante et humiliée par la bêtise, la vulgarité, la force brute, Flora se rêve reine péruvienne au bras d'un hidalgo, vivante réplique du père inconnu, nommé encore une fois pour la beauté du nom qui éclate comme un soleil dans la suintante grisaille parisienne, don Mariano de Tristan Moscoso.

Mais la magie s'arrête à ce nom qui revient, revient encore sur les lèvres de l'ouvrière coloriste de dix-sept ans qui doit se contenter du quotidien le plus banal et travailler dur pour gagner le tout juste nécessaire. Ah quel tourment quand on se veut aventurière au loin et qu'il ne reste plus qu'à tomber amoureuse – oh à peine – du patron, André François Chazal qui, lui, devient fou de l'ouvrière, néglige ses gravures, ses lithos pour suivre du regard tout au long du jour – soupirs, serments – la belle Flora qu'il épouse enfin ! Flora sortie de la misère par le mariage, bien contente aux premiers temps, puis vite lasse, ennuyée par le ronronnant quotidien. Est-ce cela la vie ? Amoureux certes comme au premier jour l'André François, mais tellement ordinaire pour cette jeune femme qui rêve à présent de lointaines passions, de divines révélations, et que le Pérou est donc loin, et comme il le devient plus encore lorsqu'on finit par se retrouver mère de trois enfants ! Quel définitif ennui que la vie ménagère, que la vie d'épouse et de mère, que cette dépendance qui vous attache à un homme dont le visage, le corps, les mains sont devenus de routine, routine amoureuse et habitudes de dame à pot au feu, de petite bourgeoise à coin du feu, de mère à biberons et à layettes ! Non, ce n'est plus possible ! Il faut savoir rompre, il faut savoir partir. Et Flora, alors enceinte d'Aline – Aline qui sera mère elle aussi, de Marie et de moi –, brise le manège du douillet ronron pour fuir, femme solitaire au ventre rond, à travers l'Europe avant d'embarquer pour les Indes puis pour le Pérou – miroir aux alouettes de son enfance –, où elle sera bien reçue par le frère de son père, au nom tout aussi magique, don Pio de Tristan Moscoso.

Quelle aventure, quel mélo que le parcours de Flora rentrant en France – sans héritage fabuleux – pour y écrire ses *Pérégrinations d'une paria*, livre qui la porte du ruisseau de la place Maubert aux salons parisiens, où elle fera amitié avec George

Sand, Proudhon et le Père Enfantin ! Bientôt on s'enfonce encore plus dans le mélo, avec la rentrée en scène du pauvre André François, quitté, cocu, bafoué, et même enfermé à Sainte-Pélagie sous dénonciation de l'impitoyable – elle dit : il a tenté de violer leur fille Aline alors âgée de douze ans. Vrai ou faux ? Et lorsque André François Chazal sort de prison, fou de haine contre cette femme qui lui fait tant de malheur, il la guette, rue du Bac, sous le porche de son immeuble, un pistolet serré dans la main au fond de la poche de son manteau : elle ne mourra pas. Flora fera seulement de l'hôpital et André François la une des journaux et la bagatelle de vingt ans de prison. Exit grand-père Chazal que je ne connaîtrai pas, qui dira à sa fin : oubliez-moi, c'est tout... comme je dirai, moi aussi, au bout de mon parcours : oubliez-moi et que soit fait silence, silence et encore silence sur mon nom, sur ma vie et sur le reste, car si j'ai fait de belles choses, rien ne les ternira, et si j'ai fait de la merde, pourquoi aller la dorer ?

Tandis qu'André François entre en prison, se tait définitivement, Flora Chazal devient Flora Tristan, femme de lettres, journaliste et redoutable porte-parole d'un mystique socialisme, messie en jupons choisi par Dieu afin de libérer les ouvriers enchaînés depuis peu aux toutes nouvelles usines. Les ouvriers garderont leurs chaînes, continueront le travail stupide, mais ils se souviendront de Flora la Rouge, lui dresseront même à Bordeaux une vraie statue de pierre. Ainsi fut la mère de ma mère, courageuse, exaltée, généreuse, invivable pétroleuse dont le souvenir me plaît parce qu'y règnent violence et refus de la fatale médiocrité. Ainsi fut Flora Tristan mère d'Aline, Aline ma mère – ange triste aux beaux yeux, la disait George Sand –, bien perturbé le bel ange par sa mère tourbillon, ne rêvant que de calme, de vie bien rangée et d'un familial bonheur. Mais, hélas, malgré son mariage sans regret, sans passion avec Clovis Gauguin, malgré deux enfants plutôt bien venus – Marie et moi –, pour Aline c'est aussi mal parti. Clovis a joué, a perdu – la carte révolutionnaire en 1848, un mauvais choix –, et il redoute brimades et répression à présent que Louis Napoléon est au pouvoir. Il vaut mieux embarquer pour le Pérou, il vaut mieux, là-bas, faire peau neuve, nouvelle vie et tenter même, grâce à l'appui des Tristan Moscoso, d'y monter un journal – Clovis Gauguin fondateur directeur –, bel espoir, belle ambition.

Avec serrement de cœur, mais sans tristesse réelle, on regarde Le Havre s'éloigner – derrière nous la douce France, l'est-elle vraiment ? – et à bord de l'*Albert* – méchant rafiot, brick vétuste – la famille Gauguin découvre le mal de mer et s'accroche à la lisse au-dessus des vagues grises et vertes qui se creusent. Pas de chance, l'océan est mauvais en ce mois d'août 1849, et pour moi, enfantiot d'un an, cela secoue beaucoup trop. Je pleure, je crie dans cette cabine qui sent le hareng, le goudron, dont le plancher bascule à chaque lame. L'*Albert* n'est pas un bon bateau et son capitaine est encore pire. Bougon, irascible, grossier, il fait la guerre à Clovis – pourquoi ? –, criant, insultant, et Clovis, de plus en plus souvent rouge de fureur et d'impuissance, accumule rancœurs, griefs contre le butor capitaine, de plus en plus souvent le sang lui grimpe à la tête et gonfle ses tempes : il va éclater. En fait, c'est le cœur qui éclatera, et Clovis s'écroulera au fond de la baleinière qui, à l'escale de Port Famine, tout au bout de la Patagonie, le mène à terre.

Se retrouver veuve avec deux petits enfants sur les bras, au bout du monde, dans un endroit sinistre, sur un bateau sinistre, c'est tout à fait désespérant. Aline se demande : mon Dieu comment vont nous accueillir les Moscoso and Co ? Me pardonnera-t-on d'être la fille de la Rouge Flora, celle qui écrivit ces *Pérégrinations d'une paria,* trouvées comble de l'indécence à Lima, au point que don Pio fit brûler le livre sur la place publique d'Arequipa ? À chaque mille qui rapproche l'*Albert* des côtes du Pérou, à chaque vague, chaque souffle qui poussent le voilier plus haut le long des côtes américaines du Pacifique, Aline se sent gonflée d'une marée d'angoisse toujours grandissante. Non, là-bas, à Lima, nul ne voudra l'aider ! Elle est perdue, elle se voit à la rue, mendiant auprès d'étrangers, pour elle, pour ses enfants, de quoi payer le voyage de retour. Et de retour en France que deviendra-t-elle, veuve sans fortune flanquée de deux marmots ? Ah ne plus y penser, se bercer d'illusions, attendre la divine surprise, les bras grands ouverts – un rêve – des parents péruviens ! Et le rêve devient réalité. La pitié des Tristan Moscoso se fait chaleureuse pour cette jeune veuve, mère de surcroît – comme ils sont charmants ces bambinos francès ! –, et le grand-oncle déclare même qu'Aline sera toujours sa très chère petite nièce. Le très vieil homme en pince légèrement pour la jolie Française, parente exquise sauvée des eaux, qui ressemble si fort à son frère bien-aimé, feu Mariano. Et moi – petit Paul – je serai à jamais marqué par cette vie exotique, dont le souvenir me poussera toujours vers les lointains tropiques, avec l'espoir toujours vain de retrouver l'enfance et son enchantement.

Lima. Je cours dans le palais de stuc et de marbre de l'oncle Pio, à travers les grandes salles fraîches, silencieuses où passent et repassent, pieds nus, les serviteurs muets, aux plateaux chargés de fruits multicolores et de bonbons glacés. Je cours dans la grande demeure familiale qui au soir s'illumine – lustres et lampions – pour des fêtes, des bals costumés, et dans les jardins où brillent aussi, sous la lune, palmiers, magnolias, jacarandas, danses et sarabandes s'envolent jusqu'au matin. Alors les masques se perdent entre les étals du marché, parmi les paysans et leurs lamas, tandis que les urubus à pieds rouges s'éveillent, s'envolent d'un vol lourd jusque sur les toits. Lima. Je cours dans les rues de la ville, criant, chantant des comptines espagnoles, tout comme les enfants du pays, sous un soleil qui ne désarme jamais. Oui, j'ai joué – je joue encore – dans les rues de la Ciudad de Los Reyes, aux maisons multicolores, au palais de la présidence ocre, à la cathédrale saumon, aux balcons rouges et verts. Que de tableaux déjà ! que d'images en rien européennes – ni grisaille à pleurer, ni brumes déchirantes, ni tristes saisons dans l'attente du toujours trop lointain été ! Lima. Je cours sur la place du marché, au cœur de la foule toujours parée des oripeaux des fêtes passées ou à venir, je cours le long des échoppes où se mêlent Africains, Asiatiques, Indiens, mulâtres, métis – sangre azul, cholos, zambos –, et me voilà caché au fond de l'épicerie qui sent la cannelle et le piment, en train de sucer de la canne à sucre, accroupi entre deux barils de mélasse où me retrouvera notre domestique le Chinois : déjà la lubie de la fuite, déjà la fuite éperdue dans Lima, alors que j'étais pourtant si petit !

Comme toujours, vrais souvenirs et souvenirs rêvés – les plus beaux ces derniers – s'entremêlent, et toute ma vie je rêverai aux femmes vêtues de soie et de satin, entourées de leurs sayas, ces robes qui les moulent et les font plus que nues, alors qu'elles rentrent de l'église chargées de bijoux d'or et d'argent, disparaissant dans de mystérieuses demeures où tous les tableaux d'Italie et d'Espagne couvrent les murs, trésors gardés la nuit par les serenos qui veillent sur la ville, jouant de la flûte, chantant : Ave Maria Purissima, il est minuit, tout le monde dort et vive le Pérou en ce temps doux... ou chantant : Corpus Christi, il est minuit, l'orage approche, la terre va se rompre, restez bien à l'abri... Car à Lima il y a aussi des tremblements de terre. Une nuit je vis même le grand portrait suspendu dans ma chambre s'incliner vers moi : l'oncle Pio me regardait – sévère – et il bougeait ! On a beau être très brave, très malin, on tremble avec le tremblement de terre, tout comme j'ai tremblé, une autre nuit en voyant le fou de l'oncle – impôt sur la folie en ce temps-là à Lima, et devoir pour les notables de garder enchaînés et de nourrir, sur les toits en terrasses de leurs demeures, les fous et les débiles –, et j'ai tremblé, oui, en me réveillant pour découvrir, collé à la vitre de la porte-fenêtre, le visage hébété de l'homme échappé de sa chaîne. Il me regarde, je le vois. Il entre dans la chambre, la lune entre également, et tous deux s'arrêtent au pied de mon lit. Le simple me regarde, je le vois, puis il s'en va, remonte sur son toit où il refixe lui-même sa chaîne au gros anneau d'acier scellé dans la pierre, avant de s'effondrer en boule – chien fou brisé – sur sa paillasse.

Cela ne s'oublie pas, et je m'en souviendrai encore – plus tard, beaucoup plus tard –, lorsque Vincent se penchera sur mon lit au milieu de la nuit pour me souffler au visage : Je suis Saint-Esprit, je suis sain d'esprit... Je le voyais, il me regardait, et je disais : Qu'avez-vous Vincent ? Alors c'était l'hiver en Arles et c'était Vincent Van Gogh qui tentait d'échapper à la folie, tout comme le tentait le fou de Lima, au temps de mon enfance. Mais il ne faut pas aller ainsi de l'avant et brûler les étapes, il faut seulement sauvegarder le linéaire, avancer pas à pas en un lent travail d'outre-tombe, prendre tout mon temps dans cette besogne de rat qui me fait retourner si loin, si tôt. Du fond de mon trou je reprendrai tout, année par année, de l'une à l'autre, avançant pendant cinquante-cinq ans et jusqu'au dernier souffle, avec ce mouvement de pendule bien connu : naître pour mourir, avancer sans espoir, avec espoir pourtant – toutes blessent, la dernière tue, saintes minutes, exécrables minutes ! Et profitons bien de celles de Lima, profitons-en car elles ne dureront pas : ma mère ne veut-elle pas déjà rentrer en France ?

On va rentrer. D'ailleurs, en 1854, la guerre civile éclate au Pérou, le beau-fils de l'oncle Pio ne sera plus longtemps président de la République – Viva Echenique ! : un an plus tard le général Castella le renverse – Muerte a Echenique ! –, et les Tristan Moscoso risquent d'être inquiétés. Oui, il vaut mieux rentrer, d'autant plus que grand-père Guillaume – le père de mon père – se sent mourir, et qu'il aimerait bien, avant de passer, embrasser sa bru et les enfants de son fils disparu, mettre en ordre héritage et dernières volontés. À sept ans je découvre la France. Je ne m'y ferai jamais, j'y demeurerai toujours l'Indien, le Sauvage, celui qui a besoin pour respirer de plus vastes horizons. En France, je serai toujours différent de ces hommes qui pourtant me ressemblent, parlent ma langue, s'habillent, se nourrissent comme moi, mais qui ne m'accepteront jamais, me pousseront toujours à fuir vers des Pérou, vers des Océanie n'existant, au vrai, que dans mes rêves d'enfant.

Il pleut sur Orléans, gris tout est gris, maisons, vêtements, visages, et le bruit de mes galoches claquant sur les trottoirs résonne dans ma tête comme un refrain de malheur : étranger ! étranger ! tu n'es qu'un étranger à la vie française, aux enfants français, au quotidien français... Et je ronchonne en espagnol, tout en haussant les épaules, tout en agitant les ailes de ma pèlerine tel un petit corbeau de malheur. Et je crache mes premiers gros mots français, en les rendant espagnols, à la face des concierges qui sortent les poubelles, criant toutes les lettres des plats mots français – e en é, u en ou –, me hâtant vers les grilles du collège où l'hiver, à huit heures du matin, il fait encore nuit. Mais déjà l'on se presse autour du poêle qui ronfle dans la classe, et les pèlerines humides fument sur les bancs, tout comme fument, à l'aube, les champs noirs de la campagne d'Orléans où s'effilochent, dans les sillons, mille pèlerines de brume déchirée – là-bas les corbeaux croassent, s'envolent lorsque passe la patache qui monte vers Paris –, et le professeur dit : Gauguin ? cet enfant sera crétin ou homme de génie...

L'école est finie, il est temps de rentrer à la maison. Après l'ennui du collège, après les pois cassés, les rutabagas et tous les ratas de la cantine, il est temps de faire soigner bosses et bobos de la journée pauvrement studieuse mais riche en bagarres – le teigneux petit Paul contre la classe entière. Bientôt Aline me grondera, me cajolera dans la grande maison familiale du 25 quai Tudelle, où l'oncle Zizi, républicain farouche, erre silencieux, ruminant ses rancœurs de déportation, où Marie, ma sœur chipie d'un an mon aînée, pigne, casse et recasse sa poupée. Cohabitation sans gaieté de cette mère et de ses enfants en rupture de soleil péruvien avec cet oncle célibataire de près de quarante ans, cohabitation d'autant moins gaie qu'avec Lima perdu on a perdu aussi l'opulence et que l'on glisse doucement vers la pauvreté : ce n'est pas l'héritage de grand-père Guillaume qui nous mènera bien loin et la rente promise par l'oncle Pio ne sera jamais versée – vilenie de ses héritiers. Que faire ?

Aline gagne Paris pour ouvrir un atelier de couture au 33 de la chaussée d'Antin, moi je deviens pensionnaire du petit séminaire d'Orléans sur les coups de mes onze ans et pour trois ans, garçon toujours maussade, jamais riant, sauf quand le maître d'études, le Père Baudoin, grenadier survivant de Waterloo, nous passe en revue à travers le dortoir et que, chemise relevée, nous faisons garde à vous, portez arme ! Mais trop lentement défilent les jours, les semaines, les mois. J'aimerais bien rejoindre Aline à Paris. À quatorze ans je la rejoins, pour être enfermé à nouveau – toujours médiocre – à la pension de la rue d'Enfer où je traînerai deux ans avant de retrouver l'internat d'Orléans. Cela va-t-il encore durer longtemps ? Cette enfance, cette morne adolescence ne finiront-elles jamais ? De plus en plus ombrageux et renfrogné, je rêve de grands espaces, de grands départs, loin de tous les murs des villes et des collèges, voulant – c'est décidé – être marin, marin tout simplement, pas officier de la Royale avec galons d'or et uniforme d'apparat comme le souhaite tant ma mère. Et, malgré mes dix-sept ans minuscules, mon air d'enfant, je m'échappe enfin et j'embarque comme pilotin à bord d'un large trois-mâts de six cent cinquante-quatre tonneaux, c'est le *Luzitano,* destination Rio de Janeiro.

À nous deux la mer, à nous deux la vie, et je glisse sur les pavés du Havre, m'essayant, avant même d'être grimpé à bord, à la démarche chaloupée des marins. Mais je chalouperai et je roulerai encore mieux des épaules lorsque j'aurai été rendre hommage aux dames du port. C'est fait. Au bordel je me suis bien comporté, à bord on ne pourra pas me traiter de puceau. La vie est belle pour la première fois depuis Lima, bientôt la mer n'aura plus de secret pour moi, et comme tout marin j'aurai une femme dans chaque port ! D'ailleurs ne suis-je pas recommandé par mon prédécesseur pilotin à Madame Aimée, rua d'Ovidor, Rio ? Et j'y cours après une aimable traversée sans tempête et en bonne amitié avec le capitaine Fombarel, quart de nègre tout charmant papa, et me voilà devant Aimée, cantatrice d'opérette, reine d'Offenbach, coqueluche de Rio, et même maîtresse d'un des fils du tsar de toutes les Russies ! Je la revois – tout à fait jolie malgré ses trente ans –, montant en robe de soie décolletée dans son coupé attelé à une ardente mule couverte de pompons, et je l'entends encore chanter : *Dis-moi Vénus quel plaisir trouves-tu à faire cascader ainsi ma vertu ?* Et Aimée fit cascader la mienne, je devins même très polisson, cascadant encore lors du voyage de retour avec une Prussienne boulotte que je culbutais dans la soute à voiles, sur la toile rêche, au rythme des vagues.

Ah que j'ai aimé cascader tout au long de ma vie ! Et, à bord du *Luzitano* déjà, ces ébats me plaisent beaucoup plus que la navigation. Bourlinguer m'ennuie, cette existence en vase clos me pèse, la continuelle errance d'escale en escale m'attriste. Ce n'est pas ainsi que je retrouverai la trace de l'enfance péruvienne – embellie, mythifiée avec le temps, en fait quête impossible, toujours déçue, toujours recommencée. Pourtant le métier de matelot a du bon, me donnant des muscles à force de ferler les voiles et raidir les écoutes, m'aguerrissant pendant les longs quarts de nuit et dans les manœuvres de pont parfois dangereuses, lorsque le beaupré s'enfonce dans l'épaisseur des lames poussées par le grand vent. Et je me fais un corps dur, résistant, j'apprends à me faire respecter – malgré ma petite taille –, à me battre, à supporter des hommes frustes et violents dont je prends vite langage et manières : Gauguin ? Un bon petit gars, un vrai marin... répète le capitaine Fombarel qui, après deux traversées sur Rio, me fait même nommer second lieutenant. Pour la première fois on est content de moi ! Et les jours de mer se succèdent, les escales trop courtes reviennent à rythme régulier : décors différents et vie toujours semblable.

Bientôt pourtant je quitterai le *Luzitano* pour le *Chili*, un autre trois-mâts qui, à l'automne 1866, lève l'ancre pour un long tour du monde. Du Havre on glisse vers l'Amérique du Sud, voilà le détroit de Magellan et la Patagonie où mon père repose de son dernier sommeil, voilà Valparaiso puis la remontée vers le Pérou, le mouillage en rade d'Iquique d'où je vois la ville s'effondrer – tremblement de terre – et la mer jouer avec les navires comme balles maniées par une raquette, voilà Panama et Taboga, petite île où nous faisons relâche et où quelques indigènes semblent vivre comme les bons sauvages de Monsieur Rousseau – nulle contrainte sociale apparente, fruits et poissons à volonté : plus tard je reviendrai à Taboga. En fait, dès qu'il s'agira de fuir, de chercher ailleurs – plus loin, toujours plus loin – une existence différente, je serai toujours partant, n'admettant jamais que de lever l'ancre, même pour le bout du monde, ne sert à rien, que l'on n'échappe jamais à l'enfer intime qui vous colle au cœur, au Sud comme au Nord.

Mais la circumnavigation du *Chili* continue. On traverse le Pacifique et je crois bien avoir vu, au loin, tout au bout de l'horizon, les montagnes de Tahiti – rêve éveillé ? prémonition ? Je crois bien avoir aperçu aussi, au loin, tout au bout de l'horizon, les îles Marquises – ou alors nuages échevelés semblables à des monts escarpés ? De toute façon, pour moi, tout n'est que répétition, tout se met en place – enfance péruvienne, voyage vers les îles – pour la grande scène du trois, pour le départ définitif vers les tropiques où, non sans regret ni sans grande amertume parfois, j'irai m'enterrer vivant pour peindre en dehors de toute contrainte – croyai-je –, pour me replonger – pensai-je – aux sources de l'humanité. Mais la circumnavigation du *Chili* continue. Du Pacifique à l'océan Indien, le voilier taille sa route. Bientôt ce sera l'Inde et les bas-fonds des ports, chaleur de la mousson et grouillement d'une humanité mourante au milieu des fleurs, des éléphants et des vaches sacrées. Imagerie dont je ne saurai pas démêler le vrai du faux, car des Indes je ne verrai rien, un voile de larmes me brouillant la vue dès la terre touchée, dès la nouvelle apprise : Gauguin, votre mère est décédée... Aline ma mère – ma tendresse, ma seule affection – bien morte et enterrée à Saint-Cloud en plein été 1867, alors que je comptais les vagues qui me séparaient d'un continent à l'autre. Dorénavant je serai seul, d'une solitude qui ne sera même plus celle du marin sachant qu'au port l'attendent mère, épouse, enfants. Dorénavant je serai seul, trop seul, et ce ne sera pas de penser à Marie – ma sœur chipie –, ce ne sera pas de me dire qu'un tuteur – choisi par Aline – m'attend, ce ne sont ni Marie ni Gustave Arosa qui sauront me réchauffer le cœur. D'ailleurs le temps n'est pas venu pour moi de gagner la capitale, de voir s'il y a plus de chaleur à la ville qu'à la mer, s'il y a, là-bas, de l'espoir en vue. Non, le temps n'est pas venu, il faut songer d'abord à passer de la marine bon enfant à celle de guerre, il faut faire le devoir militaire, corvée extrême qui débutera, en mars 1868, à Cherbourg où, matelot de troisième classe, matricule 1714, j'embarquerai à bord du *Jérôme-Napoléon,* corvette transformée en yacht impérial, portant le nom et les couleurs de son occupant princier – Plonplon de son surnom – que Napoléon préfère voir voguer d'une mer à l'autre, pour la plus grande gloire de l'empire, plutôt que de le savoir à Paris semant la zizanie.

Tout au fond du navire, près des machines et dans la chaleur terrible, au milieu de la poussière et des escarbilles de charbon, un soutier manie la pelle, enfourne des tonnes de combustible dans les chaudières. Un vrai travail d'esclave ! Mais au bout de quelques semaines, osant rappeler aux officiers que dans la Marchande j'étais second lieutenant estimé, je grimperai de l'enfer mécanique à la timonerie, tout près de l'océan et du ciel. Vagues et nuages qui seront d'abord ceux de la Manche et de l'Atlantique, avant d'être ceux de la Méditerranée, vagues qui se feront alors plus courtes et nuages qui disparaîtront pour laisser la place au grand bleu du ciel grec qui coiffe les Cyclades et les ports des autres escales – Malte, Varna, Constantinople, Salonique. C'est l'été. Les cigales grincent à bord des pins parasols, et je m'étonne devant cette lumière grecque qui baigne une terre et un peuple aussi étonnants que ceux de mon lointain Pérou. Je suis ignare, j'apprends un peu, curieux de tout, même des brumes londoniennes que nous découvrirons après l'été grec, avant de repartir, au printemps 1869, vers la Méditerranée et d'autres escales ensoleillées : Marseille, Bastia, Naples, Corfou, Trieste et même Venise. Ce n'est pas rien, ce serait même exaltant s'il ne fallait pas compter avec la misérable condition de matelot, s'il ne fallait pas se résigner à n'être qu'un matricule corvéable à merci. Mais, malgré mon mètre soixante-trois, je sais me faire respecter, craindre même, je sais faire rouler muscles et épaules – épaules que je porte larges –, et si l'on me cherche noise je deviens blanc et je frappe ! Je frapperai même un quartier-maître insupportable d'injustice, le noyant presque dans un baquet où il avalera des milliers de bulles savonneuses, bulles qui manqueront de m'envoyer devant le conseil de guerre et qui m'empêcheront de dépasser le grade de matelot de première classe. Forte tête déjà, cela ne pardonne pas.

En ce mois de juillet 1870 lourd de nouvelles alarmantes en provenance de Paris, le *Jérôme-Napoléon* glisse vers les mers nordiques, fonce à quinze nœuds vers la côte norvégienne. À bord, le prince, son ami Ernest Renan et quelques savants ne se préoccupent que du Spitzberg et de la Laponie où il s'agira d'explorer, afin d'enrichir la science arctique d'observations nouvelles. Beau programme, très beau temps, et même les cent cinquante hommes d'équipage semblent contents, tout comme je suis content de découvrir de nouveaux paysages, blancs de neige et de glace à présent, avec îles et presqu'îles escarpées, où tout se fond dans la blancheur rayonnante, le bleu aveuglant. Très beau temps oui, et le 13 juillet 1870 le cercle polaire est franchi, on s'en réjouit. Mais, le 19 juillet, consternation ! On vient d'apprendre que la France a déclaré la guerre à la Prusse. Les dés de fer – ricane Bismarck – sont jetés de bien mauvaise façon pour la France qui va connaître une exemplaire défaite.

Ce ne sont pas les ronds du *Jérôme-Napoléon* dans les eaux danoises et allemandes, ce n'est pas son retour express dans les eaux de Boulogne qui changeront le cours des choses : Napoléon III est prisonnier, Paris assiégé mitonne des ragoûts de chat et de rat, et le 4 septembre la République est proclamée. Du jour au lendemain le *Jérôme-Napoléon* devient une républicaine corvette nommée *Desaix, Desaix* qui capturera même quatre bateaux allemands, avant de glisser vers Bordeaux pour patrouiller le long des côtes atlantiques, alors que Thiers affronte Bismarck à Versailles, négociant des conditions de paix peu reluisantes pour la France. Mais que m'importe ! Je ne songe qu'à la démobilisation, bientôt, enfin ! Et le 23 avril 1871, après trente-sept mois et vingt-sept jours de service, je mets sac à terre. Derrière moi le port de Toulon, devant l'avenue Vauban, et je monte en souriant vers la gare pour prendre le train qui m'emportera vers Paris, où devrait éclater le gai printemps fleuri, où règne en fait l'inquiétude : le drapeau rouge flotte sur Notre-Dame et demain ce sera la guerre civile.

Où aller ? Et pourquoi dire tous ces faits, les menus, les importants qui, du fond de mon trou, semblent tous aussi vains, aussi nuls les uns que les autres : les seins de Madame Aimée, la défaite de 70, l'aurore boréale ou la mort de ma mère ? Tout cela est à présent sans importance, aussi dépourvu de sens que ma première communion, mon premier bordel, mes premiers cheveux blancs. Alors, où aller ? Où vais-je ? Tout dire ? Se taire ? En dix phrases démonter la mécanique, les grands mouvements de ma vie, ou bien s'étaler longuement – d'incident en incident, du début jusqu'à la fin – pour tenter de comprendre encore une fois le pourquoi, le comment ? Au choix ! Alors je continue et je me hâte vers la maison maternelle, à Saint-Cloud, rue de l'Hospice. Mais il n'y a plus de maison, les Allemands l'ont brûlée : morte ma mère, envolés en cendres les souvenirs légués, envolées les statuettes et les céramiques péruviennes. Il ne reste plus rien ! Où aller ? Je n'ai plus qu'à frapper à la porte de Gustave Arosa, tuteur aimable, financier comme son frère Achille, tous deux gens de qualité, tous deux amateurs d'art – je me dis alors : l'art qu'est-ce que c'est ? Poussières de musée ? Vieilleries momifiées ? Ou quoi ? Et tous deux me reçoivent chaleureusement en leur maison, se demandant : que va bien pouvoir faire ce petit ? Quel travail lui trouver dans ce Paris où tout se dégrade ? Bientôt, en effet, la Commune voit rouge et part en guerre contre les maudits Versaillais, bientôt la Semaine sanglante voit la mort de vingt mille communards et l'exécution de paquets d'insurgés contre le Mur des Fédérés, et bientôt Arthur Rimbaud peut conclure en criant aux Versaillais victorieux : Syphilitiques, fous, roi, pantins, ventriloques, qu'est-ce que ça peut faire à la putain Paris, vos âmes et vos corps, vos poisons et vos loques ? Elle se secouera de vous hargneux pourris !

Quand le sang arrêtera de glouglouter dans les caniveaux de la capitale, la répression ne s'arrêtera pas pour autant. On ne tue pas, on se contente d'emprisonner et de déporter vers la Nouvelle-Calédonie, voiliers et vapeurs chargés à ras bord d'irréductibles communards. Tout va bien, tout va mieux, et une ferme République s'installe sous la houlette de Monsieur Thiers. Les affaires reprennent, les actions boursières remontent, et Gustave Arosa me trouve un emploi chez Paul Bertin, agent de change de la rue Laffitte. J'y serai remisier. Remisier ? Qu'est-ce ? On me dit : tout simplement un intermédiaire entre agent de change, courtier et client. Eh bien – pourquoi non ? – je serai remisier, et je passe sans difficulté de l'uniforme de marin à celui de jeune Parisien un tantinet dandy, costume bien coupé, canne avantageuse, haut-de-forme rutilant, mais caractère toujours aussi violent. Lorsque mes nouveaux collègues m'auront fait tomber par deux fois mon chapeau, sous prétexte de brimade d'intronisation boursière, je blêmirai et il faudra m'arracher du cou d'un des plaisantins que j'aurais étranglé sans faiblesse. Toujours aussi teigneux, le petit Gauguin, à la mer comme à la ville, aussi étranger à la bourse qu'à l'école et qu'à la marine, toujours l'Indien, le Sauvage !

Pourtant, à l'agence Bertin on est content de moi, il paraît que je suis doué et c'est sans doute vrai puisque, lorsque je vais de table en table, au café Anglais comme au café Tortoni, mon carnet de commandes à la main, chaloupant de ma démarche encore marine, rares sont les spéculateurs qui résistent à mes offres, rares sont ceux qui regrettent mes conseils : les actions que je recommande passent toujours à la hausse. Très rapidement on me respecte, on recherche même mes lumières, très rapidement je gagne assez bien ma vie pour louer un deux-pièces au 15 de la rue La Bruyère. Me voilà indépendant, me voilà installé dans la vie, et ce n'est pas tellement réjouissant ! Heureusement, il y a l'appartement de la place Bréda où les Arosa me disent toujours le bienvenu, et là – là seulement – je m'anime, je parle même d'abondance, harcelant de questions Gustave et son frère Achille. Qu'est-ce que la peinture ? Pourquoi la peinture ? Comment la peinture ? Impossible de ne pas poser de telles questions alors que des tableaux de Courbet, de Delacroix, de Tassaert, de Corot, de Jongkind, de Pissarro couvrent les murs de l'appartement, et qu'on y évite soigneusement de parler finance, pour rendre un culte passionné à l'art – la plus haute, la plus noble des manifestations humaines, d'après les frères Arosa. Je me révélerai vite un fidèle convaincu, afin d'oublier peut-être la morne répétition des journées boursières, afin de pouvoir peut-être accrocher ma charrue à une étoile qui me tirera peut-être un jour hors de la banalité ? Peut-être. Mais alors je ne cherche pas si loin, je me contente de regarder, d'admirer, osant tout de même dresser un chevalet aux côtés de Marguerite – la fille cadette de Gustave Arosa – qui me donne ma première leçon dans les bois de Viroflay. Verts multiples des feuilles – jamais je n'aurais cru qu'il y avait autant de nuances de vert –, taches de soleil qui palpitent sur le sol, toile blanche et premiers effleurements du pinceau sur les berlingots de couleur qui parsèment la palette. Maladresses, barbouillis, gâchis aussi, et malgré tout enthousiasme devant mes exploits à la gribouille, tandis qu'un enfant, admiratif, rêvant lui aussi de faire de la peinture, m'applaudit : plus tard, ce filleul d'Achille Arosa ne jouera pas du pinceau mais de la baguette, un jour on l'appellera maître, ce sera Claude Debussy. Mais moi, on ne m'appellera jamais maître ! Et pourtant, à vingt-trois ans, en 1871, la machine est déjà lancée, mon destin scellé, et ni mon travail de boursier, ni mon propre mariage, ni la misère et les échecs ne pourront me détourner du paradis des formes et des couleurs que je viens de découvrir, que je rechercherai toujours, même lorsque ce paradis aura un sombre goût d'enfer.

Sept heures du matin. Je ne suis pas en retard, l'agence Bertin n'ouvre ses portes que dans une heure et, de la rue La Bruyère à la rue Laffitte, il n'y a qu'un pas. Pourtant, tous les jours, je quitte mon domicile de bonne heure, afin de pouvoir m'attarder devant les galeries d'art de la rue Laffitte – sans même accorder un regard au numéro 40, où la célèbre Lola Montès tint salon, sans même envier, au numéro 19, le somptueux hôtel particulier des Rothschild. Non, seulement les galeries me fascinent et, jusqu'au numéro 1, jusqu'à l'agence où m'attend mon carnet de commandes, la peinture me tient compagnie. Je marche, je m'arrête, je repars, regardant, admirant, me remémorant les conversations de la veille au coin du feu de Gustave Arosa, tentant de comprendre les tableaux que je retrouve chaque matin, dont hier soir on parlait encore. Je ne m'attarde pas aux peintres officiels qui tiennent le haut du pavé, tous ces néo-classiques, tous ces maniaques du détail comme Meissonier – ce géant des nains –, tous ces peintres qui rassurent le bourgeois par leur travail peaufiné, Bonnat, Bouguereau, Boulanger, Cabanel, Couture, Henner, Jérôme et autres Jules Lefèvre. J'évite déjà les petits maîtres officiels et je fais station devant les hommes qu'aiment tant les Arosa et qui m'intriguent fort : Courbet, Millet, Corot, Jongkind, Pissarro et bien sûr Delacroix.

Je salue le grand Delacroix dont le dessin me rappelle toujours le tigre aux mouvements souples et forts, je souris au délicieux Corot qui aimait tant rêver, qui me fait tant rêver, et je pense à Millet, à Courbet dont sept toiles éclairent les murs des Arosa, Courbet qu'hier Dumas fils insultait sans vergogne, osant écrire : De quel accouplement fabuleux d'une limace et d'un paon, de quelles antithèses génésiaques, de quel suintement sébacé peut avoir été générée cette chose qu'on appelle Gustave de Courbet ? En marchant je frappe le trottoir de ma canne comme s'il s'agissait de Dumas lui-même, et je m'arrête devant les vitrines des galeries, je repars après un dernier clin d'œil aux dessins de Daumier qui sait si bien sculpter l'ironie, après un dernier bonjour aux paysages de Jongkind, après un dernier au revoir à Ingres, le seul néo-classique qui m'attire, un sacré bonhomme qui sut garder un œil sur la Grèce, un autre sur la nature. Je marche, je soupire, je me trouve un peu vain, un peu fat, de jouer à l'amateur éclairé, alors que je me répète seulement les savantes conversations des Arosa. Mais je me secoue, j'accélère, il est temps, grand temps de glisser de la peinture aux chiffres, de vider mon esprit de tout ce fracas pictural qui me perturbe, me passionne. Il est temps de redevenir un remisier modèle.

J'ai mis en veilleuse mon argot de marin, je me suis fait aux bonnes manières, j'ai même oublié la violence des ports – coups de gueule et bagarres. Me voilà, à vingt-quatre ans, bon boursier, médiocre peintre du dimanche, consciencieux toujours, peinant sur de mornes natures mortes, de ternes paysages. Parfois, je parviens à m'échapper avant la fermeture des bureaux et je cours au Louvre m'extasier devant le Giotto, devant Vélasquez : non, c'est impossible, je ne serai pas qu'un peintre du dimanche, j'irai plus loin et je rejoindrai les plus grands ! Mais ce n'est pas pour demain, et je prends conscience de mes multiples lacunes que je tente de combler en lisant, découvrant Poe, Barbey d'Aurevilly, Balzac, Shakespeare, peu d'auteurs, en fait, mais de bons qui m'apprennent à raisonner et à vivre autrement qu'à partir de mes impulsions et de mes fantasmes. Deviendrais-je réellement adulte ? Cela se peut, mais je m'accorde encore, chaque samedi, une virée dans un bal. J'aime danser, je danse bien, et j'ai l'impression que les filles me recherchent, ne sont pas effarouchées par mon visage fermé aux paupières lourdes, au nez busqué d'Indien, aux lèvres sévères qu'éclaire parfois – paraît-il – un sourire ironique.

Pourtant, ce n'est pas en dansant la polka dans un bal de quartier que je ferai la connaissance de Mette, mais à la table d'hôtes de madame Aubé, épouse d'un sculpteur tenant pension près de l'agence : là, dans une petite salle où flottent les bonnes odeurs d'une cuisine bourgeoise, se pressent boursiers, artistes, directeurs de galeries, et là, entre céleri rémoulade et bœuf miroton, entre deux tuyaux financiers, j'aime écouter ceux qui tentent de vivre de leur peinture. Et c'est bien là que je rencontrerai, un jour de l'hiver 1872, deux jeunes femmes souriantes, au français incertain, à l'accent guttural, deux jolies blondes qui me feront oublier la morosité du jour, la morosité de tous les jours où je me dis déjà : pourquoi ne suis-je pas de l'autre côté de la table, peintre barbu en velours côtelé, au lieu d'être, tel que je me vois dans la glace de madame Aubé, boursier propret, coquet et bien rangé ? Pourquoi ? Ah peindre tous les jours, tout le temps ! Un rêve ! Mais il faut oublier, et c'est déjà un joli rêve à portée de la main que ces deux jeunes étrangères qu'il faut initier aux rites domestiques du bistrot. Je me présente. Et elles ?

Qui sont-elles ? Deux Danoises en voyage à Paris, l'une chaperonnant l'autre, Mette Sophie Gad s'occupant de Marie Heegard, fille d'un industriel de Copenhague.

On parle, on fait amitié. Je fais les yeux doux à la gouvernante, plus attiré par ce bel animal aux formes pleines que par l'héritière timide et plate. Cela a l'air de marcher. Elle me regarde au fond des yeux, et ses yeux semblent dire oui. Elle me plaît cette fille, me paraît forte, rassurante, et surtout elle me change des trottins des bals du samedi : je sens que je vais être amoureux, ça y est, je le suis ! Et quelle belle poitrine, quelles belles hanches larges – c'est mon genre, mon goût ! On se voit, on se revoit. Je l'entraîne dans les petits restaurants qui entourent la Bourse – elle me parle de son enfance dans l'île de Laeso, de son père, juge cantonal, de sa famille qui, depuis sa mort, vit à Copenhague sans grandes ressources : sa mère, deux frères, deux sœurs. Je l'entraîne le long des quais des bords de Seine – elle me parle d'elle, vingt-deux ans, gouvernante depuis cinq ans déjà, une déception amoureuse avec un officier de marine, et elle se montre ravie quand je dis : Copenhague, j'y fus, alors j'étais marin... Je l'entraîne même au Louvre, je lui parle même de moi, parfois je lui prends même la main – elle ne la retire pas. Je suis amoureux, béat, gaga, fier de voir, sur les trottoirs, les hommes – ces salopards – suivre du regard la croupe de la belle Scandinave. Je suis amoureux et Mette rit, peut-être flattée qu'un garçon, promis, dit-on, à un bel avenir, s'intéresse à elle de si près, de plus en plus près, au point qu'il vaut mieux se fiancer. Je la présente à mon tuteur, je dis : On va se marier, voyez-vous Gustave, je sais que cette femme va me rendre la vie douce, et puis quoi, je l'aime ! Et tout le monde de sourire au spectacle des tourtereaux. Oui, il vaut mieux qu'ils se marient, et Mette part dans les glaces danoises de l'hiver 1873, pour annoncer à sa mère fiançailles et proches épousailles.

C'est fait, nous sommes mariés. C'est fait nous sommes installés, au 28 de la place Saint-Georges, dans un petit logis, et comme les finances vont bien, rien n'est trop beau pour le nid d'amour : tapis d'Orient, faïences anciennes, meubles de style et même, pour orner les murs, quelques-unes de mes toiles – dont un portrait de Mette. Chaque soir j'oublie le bureau entre les bras de ma femme, chaque soir, j'oublie le bureau devant mon chevalet. Faire l'amour, lire, dessiner, peindre, voilà qui me convient. Peut-être est-ce une vie trop repliée pour Mette qui aimerait bien sortir, aller au spectacle, voir du monde et être vue dans de jolies toilettes ? Elle ne se plaint pourtant pas. Peut-être m'aime-t-elle un peu ? Peut-être aime-t-elle au moins l'intérêt passionné que je lui porte ? Bien que... bien que, déjà, je sais qu'il y a maldonne : la peinture – ma peinture – ne l'intéresse pas, et je la découvre superficielle et soucieuse uniquement de son bien-être.

Pauvre de moi ! Pauvre Mette ! Rêveur je suis, terre à terre elle demeure. Moi, de plus en plus plongé dans une lente réflexion, dans un lent mouvement qui me pousse vers l'art. Elle, de plus en plus éprise de son confort, se félicitant d'avoir un mari qui rapporte ! Mais il n'y a alors que de mauvaises vibrations, de méchants pressentiments vite balayés par cette grande nouvelle : Mette est enceinte ! Nos soirées seront encore plus calmes, tous deux bien à l'aise devant un feu de bois, Mette lisant, moi dessinant et dessinant encore le visage, les mains, le corps de l'aimée. Grande solitude à deux. J'en suis ravi. Mette s'y fait. Je regarde les flammes jouer entre les chenets, je me perds dans de longues rêveries où Mette et l'enfant à venir se mêlent à l'omniprésente peinture, à la mienne bien sûr – si modeste pourtant –, mais surtout à celle d'artistes d'avant-garde que l'on nomme depuis peu impressionnistes.

Devant mon feu de bois je pense à leur lutte solitaire, à leur travail acharné. Comme j'aimerais, si j'avais plus de temps, plus de talent, peindre à leurs côtés ! Un jour peut-être ? Et aujourd'hui encore, sous ma terre des Marquises, je mesure le chemin parcouru depuis qu'un critique du *Charivari*, ironisant devant un tableau de Monet – c'était *Impression, soleil levant* –, lançait en 1874 : Voilà l'école impressionniste... Impressionnisme ! Le mot est lancé. Il fera recette, servira d'étendard à tous les peintres qui voudront jeter aux orties quatre siècles de traditions, et je serai de ceux-là ; même si je balbutie encore, même si je ne maîtrise encore ni technique ni idées. Cela ne fait rien ! Je sais qu'il faut rompre avec un art avançant depuis la Renaissance en compagnie des marchands qui dominent le monde, un art qui n'est que le reflet – admirable parfois – de la société en place, un art dont les couleurs, les perspectives n'ont que la profondeur illusoire d'un ordre divin, exemplaire, éternel. Et il est vrai que les impressionnistes ouvriront la voie à tout ce qui permettra, de glissade en glissade, à l'art moderne – reflet éclaté du monde éclaté – de se mettre en place.

Mais pardon, je n'ai pas ici à faire le penseur, le redresseur de torts – seulement ici être comptable de ma vie. Pourtant j'ajouterai que si, en 1874, les impressionnistes balbutiants font ricaner le monde, tout le monde ne doit pas se réjouir : profitez ! profitez vite et fort de vos succès, artistes pompiers choyés par les nouveaux riches de la toute nouvelle industrialisation, car cela ne durera pas ! Attention aux barbares, ils arrivent, nous arrivons. Qui ? Les artistes maudits ! Les Rimbaud, les Van Gogh, et moi-même, et nos frères, personnages de refus, de rupture, qui feront autant couler de bave que d'encre laudative. Et plus jamais la peinture – la bonne – ne sera aux côtés de ceux qui croient que l'art doit être le miroir flatteur de la société. Les officiels, les politiques, les tenants de l'académisme et du pouvoir en place ne s'y tromperont pas qui traiteront d'aliénés, de singes, de communards, d'anarchistes, les Manet, Degas, Cézanne, Monet, Pissarro, Renoir qui n'en demandaient pas tant, qui faisaient pourtant une peinture bien simple, qui rêvaient, eux aussi, de Salon officiel et parfois même de Légion d'honneur. Non ils ne s'y tromperont pas les fossoyeurs de l'art : ils savaient qu'en refusant l'unique exemple de la Grèce antique, nos hommes multipliaient par cent le champ du possible, ouvraient la porte à des furieux comme moi. Et je me souviens de leurs cris, de leurs grincements de dents, des articles infamants ! Et le public s'y mettait, grognant, hurlant : quoi ! on a déjà vécu les troubles de 1848, un Second Empire mouvementé, une guerre de 70 catastrophique et il faudrait, en plus, que les artistes créent une esthétique nouvelle, devant laquelle tout notre cher passé, toute une tradition séculaire devraient s'écrouler ? Quoi ! déjà la société se modifie de jour en jour, les rapports de classe se radicalisent, rien n'est facile, tout se complique dans la vie quotidienne, et il faudrait, en plus, que les artistes abandonnent le bateau ? Ah non ! qu'au moins l'art reste à sa place et soit définitivement source de réconfort et de certitudes : l'art est grec, par pitié qu'il le demeure !

Mais il est trop tard. Déjà des contestataires veulent peindre – c'est un comble – sans tenir compte de la tradition, déjà Cézanne crache avec son rocailleux accent du Midi : Je peins comme je vois, comme je sens et j'ai les sensations très fortes, eux aussi ils sentent et voient comme moi, mais ils n'osent pas, ils font de la peinture de salon, moi j'ose, j'ose... Et c'est la guerre, une nouvelle guerre des anciens et des modernes, on n'en sortira pas, et des hurlements de fureur se déchaînent contre les novateurs. Certains prennent peur, rentrent dans les plis rassurants du drapé grec. D'autres persistent et signent des toiles tout simplement belles, fortes, peintes selon leur cœur. Mais lorsque la singularité ne sera plus singulière à force de répétition, lorsque l'œil se sera habitué, souvent le spectateur se trouvera admirateur de ce qu'il avait honni. Mais ce n'est pas fini – en art rien n'est jamais fini, abouti, terminé –, et d'autres artistes innoveront à leur tour, déconcertant à leur tour le public qui, à nouveau, poussera des cris d'horreur. Mais bientôt, à nouveau, encore, après force éructations, la nouvelle nouveauté sera digérée. On y retournera voir, on finira même par y prendre goût. Mais alors d'autres artistes innoveront et tout recommencera encore et encore ! On en perd ses lunettes, on ne sait plus qui croire ni où aller. Ah ce serait si bien si l'art était habitable, confortable comme autrefois ! Au contraire, le mouvement s'accélère, la confusion devient telle que plus personne ne sait où donner de l'œil, et retentissent, cacophoniques, simultanés, cris de dégoût, louanges énormes. Il faut bien admettre que l'art est définitivement mouvant, insaisissable, déconcertant. Et moi, plus calmement, en un temps où un calme relatif régnait encore, où le monde n'avait pas encore vraiment éclaté, de confusion en confusion, de guerre en guerre, je fais miennes les grandes options des impressionnistes, refusant comme eux perspective et profondeur de champ, tendant comme eux vers le plat, sacrifiant comme eux le sujet à la couleur, jouant comme eux avec la lumière et avec des cadrages désaxés. Tout cela semble peu de chose, c'était en fait une révolution – je ne le savais pas encore, je le saurai plus tard. Plus tard je mesurerai le chemin accompli par ces impressionnistes dont je me séparerai pourtant, leur reprochant de négliger les grands mouvements de l'imaginaire au profit des jeux de lumière, leur reprochant d'avoir cherché autour de l'œil et non au centre de la pensée.

Tout cela cependant c'est de la pensée pour demain et pour après-demain. Je n'en suis pas encore là, loin de là, j'en suis encore au tout début de mon chemin – chemin de croix souvent, chemin de fête parfois, lorsque les couleurs voudront bien suivre et ma tête et ma main. Ce n'est pas en 1874 que je serai à même de prendre des distances avec l'impressionnisme et de juger l'art de mon temps, alors que mon univers quotidien est celui des actions à la hausse ou à la baisse, travailleur à col blanc apprécié de mes employeurs qui m'élèvent d'un cran, me poussent du rang de remisier à celui de liquidateur. Liquidateur ? Tout simplement un type qui exécute des marchés à terme, rien de bien passionnant. Et me voilà liquidateur tout au long des semaines, peintre du dimanche chaque dimanche et même le soir, place Saint-Georges. Ce n'est pas ainsi que je pourrai me rapprocher des impressionnistes, d'autant moins que je suis en total isolement à la maison comme à l'office. Mette sourit d'un passe-temps qu'elle jugerait charmant s'il était moins envahissant. Mes collègues ignorent tout de l'art, sont des bœufs qui ne peuvent respirer qu'enfouis dans leurs bordereaux, audacieux aux manches de lustrine, à la visière avantageuse, au rond de cuir sous leur séant calamiteux, brandissant comme sabre d'abordage la plume Sergent-Major, avec laquelle ils recopient, de leur belle écriture tout en pleins et en déliés, la liste des entreprises internationales cotées en bourse, dont les noms magiques de leur pays d'origine ne les font pas même rêver : Panama, Curaçao, Mexique, Philippines et cent autres, en ces temps où la bourse demeure l'aimant irrésistible du monde entier, en ces temps où l'industrialisation bouleverse les données commerciales et fait monter les fortunes comme blancs en neige. Non, il n'y a vraiment personne à qui parler peinture, personne avec qui échapper aux banalités boursières et ménagères. Personne ? Vraiment personne ?

Depuis quelques semaines ce n'est plus vrai. Depuis quelques semaines j'ai un confident, en la personne d'un petit bonhomme aux membres courts, à la bonne bouille ronde, aux yeux rieurs, que tout le monde appelle Schuff – aussi enjoué que je suis taciturne – et qui travaille comme moi à l'agence Bertin. Depuis quelques semaines Claude Émile Schuffenecker est devenu mon confident et les scribouillards de l'agence grognent : que peuvent-ils donc fricoter ces deux-là, toujours chuchotant dès que les chiffres leur laissent du répit ? Comme il est étonnant, renversant, de voir ce sombre Gauguin, n'ouvrant d'habitude la bouche que pour bonjour-bonsoir, se livrer à d'interminables parlotes avec le ridicule Schuffenecker, insignifiant commis à deux cents francs par mois ! Ah s'ils savaient ! Mais ils ne sauront rien – que pourraient-ils comprendre ? –, ils ignoreront toujours le lien formidable qui se tresse au fil des jours entre nous : la peinture, encore la peinture, toujours la peinture qui nous possède tout autant l'un que l'autre. D'ailleurs Schuff ne supporte le grand ennui du travail obligatoire que parce qu'il est persuadé de devenir – comme il le répète de sa voix de fausset – un grand artiste. D'ailleurs sa voie n'est-elle pas – d'après lui – toute tracée, puisqu'il a déjà obtenu une médaille d'or dans une école de dessin ? Quel honneur, quel encouragement pour le petit Schuff – encore plus petit que moi et de deux ans mon aîné, on ne le dirait pas –, militant du côté de la peinture académique, ronchonnant et tournant au violet lorsqu'il m'entend traiter sans respect les badernes officielles. Mais ce n'est pas grave, cela donne même de la vie à nos conversations, et nous sommes aussi pressés l'un que l'autre, lorsque l'agence ferme ses portes, de filer rue de la Grande-Chaumière, à l'académie Colarossi. Nous voilà dans les rues de Paris, moi, toujours tiré à quatre épingles, avançant à grands pas, Schuff, toujours négligé, toujours vêtu de nippes achetées chez le fripier, sautillant à mes côtés. Lorsque le cours est terminé, que l'on a recommencé dix fois le dessin d'une hanche, celui d'un sein – toujours trop épais, jamais assez grecs au goût du maître –, j'emmène parfois Émile dîner place Saint-Georges où Mette lui fait bon accueil. Elle pense : Schuff est un peu ridicule bien sûr, mais tellement gentil, prévenant, et puis Paul n'amène personne à la maison, et toute visite devient aubaine, distraction !

Le dimanche on retourne au Louvre, ou bien, chevalet contre chevalet, on peint la campagne des environs de Paris. Schuff s'étonne de me voir aussi sombre, aussi mécontent de mes résultats : mais non ce n'est pas mauvais, c'est même très bien pour un amateur ! Je frémis de mécontentement, je rechigne devant le mot amateur, constatant pourtant que plus je travaille, plus l'univers pictural se dérobe et me joue des tours. Arriverai-je à maîtriser technique et idées ? Trouverai-je assez de temps pour progresser loin de cette bourse qui grignote ma vie ? Me retrouverai-je un jour aux côtés de ces impressionnistes qui viennent d'exposer, pour la première fois, au 35 boulevard des Capucines, dans l'atelier de Nadar, ce grand photographe ami des Arosa ? Maîtriser la peinture, se libérer de la bourse, exposer avec les impressionnistes, non hélas ce n'est pas pour demain. Je vais même devoir abandonner, au cours de l'été 1874, l'académie Colarossi et les équipées artistiques en compagnie de Schuff. Mette, enceinte jusqu'aux yeux, se fait dolente, plaintive. Je resterai à ses côtés jusqu'à l'accouchement, me contentant de dessiner encore et encore ses mains, son visage et, le 31 août, lorsque naîtra un garçon, je comblerai mon amour paternel en pouponnant le petit Émile, en ne sacrifiant rien, cependant, à la passion artistique, changeant seulement de modèle, passant de la mère au fils que je dessinerai sous toutes les coutures. Puis reprennent la vie boursière, les conversations avec Schuff. Revient Mette du Danemark où elle a été montrer son fils à sa famille. Recommencent les calmes soirées familiales dans l'appartement de la place Saint-Georges : notre bonne, Justine – un ancien modèle de Delacroix –, y pose aussi pour moi. Reprennent également les cours à l'académie Colarossi. J'y vais, mais j'y vais sans plaisir, trouvant de plus en plus pesant le culte qu'on y rend à l'art grec, à la beauté grecque, ayant envie de fuir, comme Monet, Renoir et Bazille avaient fui l'atelier Gleyre en criant : Filons d'ici, l'endroit est malsain, on y manque de sincérité...

La sincérité ? J'en déborde ! Je ne sais pas par quel bout la prendre, et même à la maison je voudrais pouvoir être vrai. J'aimerais tant parler à Mette de mes tourments, de cette peinture qui me tient tout entier. J'aimerais tant pouvoir lui dire que si je peins avec une telle frénésie, dès que je rentre du bureau, c'est aussi parce que je ne trouve pas auprès d'elle affection, attention suffisantes. Mais je n'ose pas, et je la laisse barboter dans son bien-être, dans ses rêves de luxe et ses mille futilités. Je ne dis rien, je ne sais pas comment m'y prendre, et puis peut-être suis-je injuste ? Il vaut mieux se taire. Mais je me demande aussi si je suis sincère lorsque j'envoie, en grand secret, l'une de mes toiles – *Sous-bois à Viroflay* – au Salon officiel de 1876. Et voilà mon sous-bois accepté ! Un critique proclamant même dans la *Gazette des Beaux-Arts :* Monsieur Paul Gauguin nous fait de belles promesses... Ce n'est pas rien, c'est même un grand événement : pour la première fois ma peinture existe vraiment, grâce au regard du spectateur anonyme. J'en suis heureux, très, mais je le serais encore plus si deux toiles de Manet n'avaient pas été refusées à ce même salon. Le grand Manet refusé ! Et moi, simple débutant, accepté ! où est la vérité ? Où est la sincérité ? Sûrement du côté de la bande à Manet, du côté de Paul Cézanne, d'Edgar Degas, de Claude Monet, de Berthe Morisot, d'Auguste Renoir, de Camille Pissarro et d'Alfred Sisley, sûrement du côté de ces peintres que la critique et le public vomissent, ces peintres qui ont définitivement tourné le dos aux académiques, ces peintres que je vais bientôt rencontrer, et auprès desquels je trouverai, un temps, ma vérité.

Ce qu'il me faudrait c'est un maître – un vrai –, un homme que j'estimerais, un artiste que je respecterais et qui me permettrait d'échapper à mes incertitudes, m'aidant à comprendre le pourquoi, le comment de cette peinture qui m'obsède au point de m'ôter le sommeil. Je ne dors plus. Je peins. Parfois, au milieu de la nuit, Mette se réveille : elle est seule dans notre chambre. Dans la salle à manger, je m'escrime sur un dessin ou je peine sur une toile devant mon chevalet. Elle dit : Viens te coucher, il est tard et tu vas te crever les yeux... En bougonnant je range mon fourbi pour aller au lit où, toujours mécontent, je m'agite sous les couvertures. Vers où dois-je me diriger ? Comment progresser ? Je ne dors toujours pas, et pourtant il est déjà l'heure de se lever et de rejoindre l'agence – à présent propriété d'un certain Galichon. Mais Bertin ou Galichon, sommeil ou pas sommeil, cela n'a pas de réelle importance, et si j'accomplis toujours mon travail avec le même sérieux, le même succès, mon cœur est ailleurs, dans des ailleurs où la peinture règne en reine absolue comme, par exemple, à la galerie Durand-Ruel, rue Pelletier, tout près de mon travail. En ce printemps 1876 s'y tient la seconde exposition du groupe impressionniste et j'y cours dès que je peux m'échapper du bureau : on me reçoit avec la considération due à un amateur qui vient d'acquérir plusieurs toiles de Cézanne et de Pissarro ! Camille Pissarro que j'ai entrevu il y a quelques années chez les Arosa, que je retrouve là et avec qui je passe longuement en revue les toiles exposées dans la galerie, Pissarro s'animant alors, expliquant longuement, heureux sans doute d'avoir rencontré un acheteur aussi passionné, oubliant peut-être quelques instants le grand désarroi financier et moral dans lequel il se trouve encore à quarante-six ans. Il s'exclame : Ce que j'ai souffert est inouï, ce que je souffre actuellement est terrible, cependant il me semble que je n'hésiterais pas, s'il fallait recommencer, à suivre la même voie... Un tel discours me va droit au cœur ! Je comprends, j'admire, j'écoute les conseils que me donne ce maître qui a tout sacrifié à l'art et qui ressemble, avec sa barbe blanche, sa calvitie, son visage anguleux, à un Moïse sauvé des eaux de la banalité artistique du temps, brandissant pour moi les tables des nouvelles lois picturales, ainsi qu'il le faisait quelques années plus tôt pour Cézanne. Il m'exhorte à utiliser une palette claire, à ne peindre qu'avec les trois couleurs primaires et leurs dérives immédiats – le jaune, le rouge, le bleu –, et je suis ébloui, mon ciel obscur se déchire, je comprends, je vois, j'observe à la lettre les conseils de Pissarro, je m'attache même à ses pas et je l'invite le plus souvent possible à dîner place Saint-Georges où, pendant que Mette et Justine préparent le repas, je soumets mon travail à ses critiques.

Je crois bien que nous étions alors en 1876. 1876, l'année où Monet s'installe sous les verrières géantes de la gare Saint-Lazare pour peindre des locomotives qui s'envolent dans la lumière. 1876, l'année où Renoir peint le Moulin de la Galette, taillant dans la lumière les robes de belles jeunes filles aux lèvres rouges. Bientôt j'accompagnerai Pissarro au café de la Nouvelle Athènes, place Pigalle, où les impressionnistes se réunissent, où Manet vient même parfois, de moins en moins souvent à vrai dire car, tout en continuant à encourager ses amis, il cherche aussi, sans relâche, le succès officiel. Il y parviendra, il aura même la Légion d'honneur, il exposera même régulièrement au Salon officiel – d'après lui le vrai terrain de lutte. Peut-être. Mais j'en suis de moins en moins persuadé depuis que j'observe le travail des impressionnistes. Si les jeux de lumière de Monet, si les chatoiements de Renoir ne m'emballent pas, si les chemins des guinguettes de bord de Seine et des dimanches en fête sont trop gais, trop primesautiers pour moi, je suis, en revanche, fasciné par Degas et par Cézanne. Degas qui met en scène, sous des angles toujours étonnants, cafés, théâtres, cabarets, et qui jette aux impressionnistes fous de plein air : À vous la vie naturelle, à moi la vie factice... Et Cézanne ! Cézanne qui parvient à fondre sur ses toiles tous les éléments de la nature en une même touche lourde, qui cherche – dit-il – à marier des courbes de femmes à des épaules de collines... Ah que tout est beau et fort chez eux ! Sûrement plus fort que chez Pissarro, et pourtant, à cette époque, c'est auprès de lui que je me rassure, m'attardant devant ses toiles où les hommes et les choses participent à des rites campagnards et domestiques pleins de sérénité.

Degas, Cézanne, Pissarro seront bien mes hommes et je ne le dirai jamais assez. Degas avec son chapeau de soie sur la tête, ses lunettes bleues sur les yeux, son grand parapluie à la main, l'air d'un notaire louis-philippard – tellement artiste qu'il n'a pas besoin d'en porter la livrée. Degas qui s'en allait tous les soirs à l'Opéra faire sa récolte de faux sourires, de faux chignons collés aux visages et aux crânes de vraies danseuses aux vrais mouvements. Et Cézanne ! Cézanne, le plus grand peut-être, peignant de rutilants paysages – fonds d'outre-mer, verts pesants, ocre qui chatoient –, avec des arbres qui s'alignent, des branches qui s'entrelacent, laissant cependant voir la maison de son ami Zola aux volets vermillon, qu'orangent les chromes qui scintillent sur la chaux des murs, les véronèse qui pétaradent signalant la verdure raffinée du jardin et, en contraste, le son grave des orties violacées : impossible de ne pas être marqué à vie par ce tableau de Médan ! Quant à Pissarro, lui, il m'a tout appris, et je n'ai jamais oublié sa plus grande leçon : l'exemple d'une vie complètement vouée à la peinture. En sa jeunesse, Camille Pissarro avait su s'enfuir de la quincaillerie paternelle et antillaise de Saint-Thomas. Un jour il avait tout plaqué pour peindre : Sans plus de réflexion je quittai tout...

Ce « je quittai tout » résonne dans ma tête de boursier, alors que je compte les heures entre les murs de l'agence Galichon, alors que je peine en alignant des chiffres sur de longues feuilles quadrillées. Ah tout foutre en l'air, tout quitter pour rejoindre le camp de ceux qui peignent et ne font que cela ! Mais le temps de la rupture n'est pas encore venu : je vais être père de nouveau, je prépare un nouveau déménagement, Mette se montre toujours plus éprise de ses aises, et tout cela il va falloir l'assumer en gagnant de l'argent toujours plus et en se contentant de peindre à des moments perdus. Moments perdus ? Ils ne sont jamais perdus les moments où règnent formes et couleurs, mais trop rares ils le sont. Et devrai-je, comme Armand Guillaumin, avec qui je me suis lié d'amitié – peintre passionné qu'encourage aussi Pissarro –, devrai-je comme Guillaumin qui n'a pas eu le courage de se consacrer tout entier à la peinture, qui est devenu employé de l'Hôtel de Ville, devrai-je, comme lui, sentir peser l'opprobre de Pissarro qui ne comprend pas que l'on ne se consacre pas uniquement à l'art, quel qu'en soit le prix à payer ? Pissarro répétant : On ne doit pas louvoyer... Je ne dirai rien, mais je n'oublierai pas la leçon.

Et cela continue. Quoi ? La vie ! La vie qui va, qui vient dans son lent et trop rapide balancement, que l'on ne peut retenir et que l'on voudrait trop souvent voir se précipiter : demain il se passera bien quelque chose ! Et ailleurs ? Ailleurs, tout ne serait-il pas mieux ? Et l'on glisse de la rive droite à la rive gauche, de la place Saint-Georges à la rue des Fourneaux, au cœur de Vaugirard, pour prendre possession d'un appartement plus grand, plus confortable – ça c'est pour Mette –, tout proche de l'impasse Frémin où habitent deux sculpteurs – ça c'est pour moi – qui vont m'initier au modelage, à la taille de la pierre. Aubé – dont la femme tient ce troquet près de la Bourse – et Bouillot, deux bons garçons qui ne débordent pas de talent mais qui m'apprendront le métier. Cela suffit à me faire oublier la distance importante qui sépare mon domicile de l'agence, et puis, de toute façon, j'ai décidé de ne pas faire le chemin à pied. Dorénavant je roulerai voiture, je me rendrai au bureau dans un coupé tiré par un cheval, à la grande fureur jalouse de mes collègues, ce qui devrait me ravir, ce dont, en fait, je me moque bien, tant la gent boursière m'ennuie. D'ailleurs tout le monde – mis à part les artistes – m'ennuie, et je me contente de traverser ma vie professionnelle avec un succès indifférent, somnambule qui s'éveille seulement au soir devant son chevalet. Et la famille ? Ma famille ? Ce fil à la patte qui se tresse lentement, deviendra corde pour me pendre. Mais je ne vois pas que plus elle s'agrandit, plus ma liberté se ratatine, plus le temps pour peindre s'amenuise. Je ne vois rien. Je me réjouis même lorsque Mette donne le jour à un second enfant, petite Aline qui naîtra à la veille de Noël 1877, qui portera si bien – hélas trop peu de temps – le prénom de ma mère, Aline que j'aimerai tant.

Ils se trompent fort les cloportes de l'agence qui me croient insensible ! Je suis tout juste gauche, maladroit, replié sur moi-même, à la manière des huîtres sous le citron. Et Dieu que la vie est acide, amère, lorsque l'on est entouré de bourgeois bornés, de possédants toujours plus avides, et que tout le monde – riches comme pauvres – se roule dans la médiocrité ! Je ne colle pas à mon temps déjà industriel, et la République me dégoûte. Individualiste à l'extrême, d'une nature et de goût élitistes, persuadé que l'art n'existe que pour une minorité, je suis, en fait, un solitaire, un rêveur étranger au monde. Je fais ce qu'il faut pour gagner la vie de ma famille, je joue silencieusement le jeu social, tout en demeurant dans mon univers – celui de l'art – et ne demandant qu'un peu de temps libre pour pouvoir peindre. Mais du temps libre j'en aurai de moins en moins. L'Union Générale qui voit le jour en 1878, cette banque catholique, mise en place pour lutter contre juifs et parpaillots seigneurs de la finance, va plonger le monde boursier dans la totale effervescence. On achète, on vend. On n'a jamais autant acheté, autant vendu. Grâce à l'Union Générale tout le monde va faire fortune ! De la Hongrie au Brésil, cent sociétés voient le jour et fructifient. On achète, on vend. Et un vent de folie souffle place de la Bourse. Moi aussi j'achète, je vends, gagnant de plus en plus d'argent, et m'assombrissant pourtant de plus en plus. Je ne progresse pas, je suis mécontent de ma peinture – mes natures mortes : du mauvais Degas ; mes paysages : du mauvais Pissarro. Alors quoi ? Se résigner ? Prendre patience ? Il le faut bien. Mais le temps passe si vite, trop vite. Hier c'était déjà 1878 : Seurat entrait alors aux Beaux-arts, Van Gogh alors vivait dans le Borinage à l'heure de l'Évangile, Rimbaud quittait alors l'Europe aux anciens parapets pour l'Afrique poussiéreuse, et je venais d'avoir trente ans.

Trente ans, c'est beaucoup, c'est trop, lorsqu'on n'a encore rien fait et que l'on se sent lâche, misérable de vivre contraint, forcé. Dans ma tête s'agitent des rêves de fuite et de rupture de plus en plus obsédants. Je sens, je devine que les choses de la vie vont s'accélérer, que bientôt je vais me dégager du grand troupeau, que je vais basculer dans le camp des hommes qui préfèrent aux satisfactions quotidiennes le chemin à la fois sévère de la création. Ce n'est pas pour demain ! Je veux croire que c'est pour après-demain, lorsque je sentirai que ma peinture a franchi la haute barrière qui sépare l'amateurisme aimable du professionnalisme exigeant. Mais je n'attendrai pas pour être présent, dès 1879, au 28 de l'avenue de l'Opéra, à la quatrième exposition impressionniste : présence modeste certes – une statuette, rien de plus, que nul ne remarque au milieu des toiles brillantes de mes amis. Mes amis ? Pas vraiment. Mis à part Pissarro et Guillaumin, les autres me font plutôt grise mine, Monet se montrant même franchement hostile, sans doute parce qu'il crève de faim, qu'il supporte mal un boursier bien nippé, roulant presque carrosse, fort maussade de surcroît et qui joue du pinceau comme d'autres du mirliton à ses heures de loisir, tranquille, à l'abri du besoin ! Sans doute Monet me voit-il ainsi. Il ignore que la peinture, grande flamme silencieuse, me dévore tout entier, que je vis pour elle, rien que pour elle, enfin pas tout à fait, puisque je vais être père à nouveau, que je vis aussi à l'heure des layettes et des biberons de Clovis : Clovis, un garçon né le 10 mai – Clovis comme mon père, Aline comme ma mère, c'est bien sentimental ! Et c'est vrai que je suis sentimental, fleur bleue même parfois, inconscient surtout avec déjà trois enfants sur les bras, égoïste aussi puisque me voilà quittant Paris. C'est l'été, mon congé, et oubliant la famille, je rejoins Pissarro à Pontoise. Tous deux nous arpentons, chevalet sur le dos, champs et vergers qu'il s'agit de peindre tels qu'on les voit sous la lumière changeante. Jubilation devant les couleurs qui s'étalent sur la palette, qui vont aller – magiques – créer la vie sur la toile. La vraie vie ! pas celle sale et triste de la vie quotidienne. Au soir tombant, on rembarque sur le dos son matériel, on retourne rue de l'Hermitage, à Pontoise, où la peinture fait encore la conversation de notre dîner. Mais c'est fini, les trois semaines de liberté ont filé, il faut regagner Paris, reprendre le collier, avec comme seule éclaircie en vue l'exposition impressionniste de 1880.

1879-1880, que me reste-t-il de ces deux années ? Puis-je me souvenir d'événements autres que personnels ? Quels étaient alors les titres des gazettes ? Je ne sais plus. J'ai oublié les grands assassinats, les beaux faits divers sanglants, les amours rompues, retrouvées, renouvelées des divas, des divettes et des don Juan du temps. J'ai oublié si les hivers furent trop rigoureux, les étés trop caniculaires, j'ai oublié les jours de printemps où les marronniers fleurirent à Paris et ceux où les feuilles rousses, jonchant le Luxembourg, les Tuileries, firent basculer l'automne dans l'hiver. J'ai oublié le prix du pain, celui du ticket d'omnibus, j'ai oublié si le beaujolais nouveau fut de bonne cuvée, et combien coûtait alors un canon au zinc des bistrots. J'ai oublié aussi le goût qu'avaient les femmes ces années-là, comment étaient leurs dentelles et leurs frous-frous, j'ai oublié la douceur de leur peau, l'accueil de leur ventre – refuge encore plus rassurant que toutes les absinthes. Enfin j'ai oublié l'essentiel, la vie de chair et de sang ! En revanche, je me souviens – la tête est ainsi faite – des dérisoires mouvements de la société et de l'ordinaire politique et artistique du temps. Mac Mahon perdant le pouvoir, son Ordre Moral coulant avec lui, bonsoir, merci, la

République à présent là pour de bon, bien bourgeoise, bien âpre au gain, avec Grévy installé à l'Élysée, et les grands hommes vieillissent et meurent : Victor Hugo va sur ses soixante-dix-huit ans, Flaubert passe la main et disparaît avant terme. D'autres continuent à écrire, à peindre, et alors on aime les officiels de service, Bonnat, Carolus-Duran, Neuville, Bouguereau, alors le naturalisme de Zola marque des points. Tout cela n'est guère exaltant et il faudra les bombes des anarchistes pour faire vibrer l'air et pour que s'affole le monde – ni très frais, ni très propre – de l'argent et du pouvoir. Mais, Dieu merci, tout au bout du monde, Tahiti – devenue hier colonie française – doit demeurer protégée, à l'abri de ses lagons et de ses fleurs, indifférente au naufrage de l'Occident.

En fait, de 1880, je ne veux me souvenir que du mois d'avril et d'un entresol modeste, au 10 de la rue des Pyramides, où les impressionnistes accrochent leurs tableaux pour leur cinquième exposition. Je ne veux me souvenir que d'une grande affiche verte où éclatent en rouge les noms des participants et où je vois, moi, seulement celui de Paul Gauguin. Quelle victoire que d'avoir sept toiles et un buste en la compagnie d'œuvres de professionnels déjà connus, même si Monet s'en va en claquant la porte, marmonnant que sa place n'est plus au sein d'un groupe tellement médiocre qu'il ouvre sa porte au premier barbouilleur venu ! Ça c'est pour moi, mais le barbouilleur est là, il faudra faire avec, et puis je sais encaisser – je ne dis rien –, et c'est vrai que mes toiles sont encore pataudes, que je patauge encore dans de nombreuses contradictions, la principale étant : comment concilier quotidien besogneux et peinture salvatrice ? Au moins, puisque je gagne de plus en plus d'argent – quarante mille francs-or en quelques mois –, au moins en profiter et s'installer plus au large, dans la lumière et presque dans le luxe. Terminé les appartements, les petites pièces sombres où l'on ne respire pas, où les enfants font des marques de doigts sur la peinture encore fraîche, où les charmants bambins font gicler les tubes en pétards multicolores et destructeurs. À présent nous occupons une maison particulière, louée au peintre Jobbé-Duval, toujours à Vaugirard, au 8 de la rue Carcel, avec un vaste atelier que je peuple de tableaux me montrant le bon chemin. En compagnie de Pissarro, de Mary Cassatt, de Sisley, de Guillaumin, de Lewis-Brown, de Jongkind, de Daumier, de Cézanne, de Renoir, de Manet, et même de Monet je n'ai pas à me plaindre, et je ne me lasse pas de contempler, d'étudier les tableaux de ces artistes – le meilleur d'eux-mêmes –, me moquant bien des remarques de Mette : Comment as-tu pu dépenser plus de quinze mille francs pour ces morceaux de tissus colorés, tu es fou... Mais qu'elle se taise ! Et elle se tait. Elle sait qu'elle ne manque de rien et que, grâce à moi, elle a fait du chemin, plus qu'elle ne pouvait l'imaginer lorsque, pauvre gouvernante, elle débarquait quelques années plus tôt à Paris. Mette se tait et je reprends mes pinceaux.

Je regarde, sans goût, sans dégoût, les chairs fatiguées de notre bonne qui pose nue devant moi – criaille encore Mette qui ne trouve pas cela convenable –, et de Justine nue, résignée, je ferai un tableau solide, trop réaliste selon moi, mais qui séduit fortement Joris-Karl Huysmans. L'écrivain écrit : Parmi les peintres contemporains aucun n'a encore donné une note aussi véhémente dans le réel... Sensible, monsieur Huysmans, je suis très sensible au compliment, bien que j'aimerais autant me dégager du réalisme grisailleux qui vous est cher que des jeux de lumière chers aux impressionnistes ! Pour aller où ? Je ne le sais pas encore. Je rêve seulement d'abandonner l'épiderme des êtres et des choses, pour chercher – au-delà de la réalité première – des réponses impossibles à des questions impossibles, des questions – pourquoi ? comment ? – concernant la vie. La vie ! cette lumière si petite qu'avale toujours la nuit.

Mais, en 1881, ma lumière brille fort. J'ai l'impression que tout est encore possible, l'espoir justifié et l'existence habitable. Je peux y croire lorsqu'au mois d'avril je présente sept toiles – dont le nu cher à Huysmans – à la sixième exposition impressionniste du 35 boulevard des Capucines, je peux y croire lorsque, le même mois, je deviens père d'un petit Jean-René. Oui, alors ma lumière brille droit, prend même de l'ampleur : bourse, famille, peinture ont un bon rythme de croisière, l'argent rentre, mes quatre enfants sont en pleine santé et, depuis que Degas m'a acheté un tableau, j'ai le sentiment délicieux de ne plus être pris pour un amateur mais pour un vrai peintre. Pourtant cette relative euphorie ne dure pas. Je redeviens mécontent, nerveux, hargneux, ouvrant à peine la bouche, ne me détendant que lorsque l'on parle peinture. Que se passe-t-il encore ? Mette est excédée. Avec quatre enfants sur les bras, elle n'a ni le temps, ni l'envie de s'occuper de mes états d'âme. Qu'est-ce qu'il lui prend à Paul ? Pourquoi se comporte-t-il toujours comme un sauvage ? Eh bien, j'en ai marre tout simplement. J'en ai assez de la vie boursière, du quotidien besogneux, je me veux peintre à part entière, et j'étouffe. Me puent au nez chiffres, argent, bureau et cette société où le Veau d'Or tient lieu d'idéal, et même ne me satisfait plus, du côté de l'art – ma planche de salut –, la démarche des impressionnistes : libérer l'œil de ses contraintes séculaires, bravo ! mais libérer l'œil et l'esprit ne serait-il pas encore mieux ? Alors quoi ? C'est le trou sombre, la grande déprime ? Non, pas vraiment. Je me remonte le moral avec de nouveaux compagnons de route, ni académistes ni impressionnistes. Puvis de Chavannes avec ses fresques immobiles, Odilon Redon avec ses rêves de mondes imaginaires, Gustave Moreau avec son travail de ciseleur, tous trois me font naviguer au-delà des apparences, dans les eaux profondes de l'inconscient, tout comme m'emportent loin du réel les Japonais que l'Europe vient de découvrir, Utamaro, Hokusai, Hiroshige, ces maîtres lointains qui, eux, comblent mon goût – jamais tari – d'exotisme.

Pourtant, bien que je m'écarte peu à peu des impressionnistes, cela ne m'empêche pas de retourner chez Pissarro, à Pontoise, passer mon congé d'été 1881, et de me mettre à son heure, tout en louchant vers Cézanne – hôte de Camille également. Nous faisons popote commune, nous travaillons de concert, et Cézanne m'en impose de plus en plus, lui qui ne se contente plus – comme moi – du jeu visuel impressionniste et qui va de l'avant. Un sacré peintre ce Cézanne ! trouvant – je crois – un peu suspecte ma trop grande attention : et si ce boursier allait lui chiper ses motifs ? Je ne lui chiperai rien, ou si peu ! Mais je déciderai, de retour à Paris, de mettre un point final à toutes les concessions, à tous les louvoyages qui m'éloignent de mon chevalet. Vœux pieux ? Rien de plus ? Que non ! D'autant moins qu'un événement de portée générale va accélérer mon glissement vers la vie d'artiste. L'Union Générale qui avait mobilisé tant d'espérances, cette banque catholique qui avait drainé tant d'économies françaises bascule dans la faillite. C'est le drame, la catastrophe nationale. Des foules muettes se cramponnent aux grilles des banques, dans l'espoir innocent de voir renaître leur pécule. Le 31 janvier 1882, l'Union Générale ferme boutique, ses responsables vont en prison, c'est fini. Faillite, faillite, faillite ! On a joué, on a perdu. Cela pleure, cela grince dans les chaumières : le bel argent s'est envolé. Le mien aussi a pris le large, c'est quasiment le chômage, le silence forcé des coulissiers, des remisiers et autres boursiers, et j'entame même mes économies. Je devrais m'inquiéter, et je suis plutôt content ! Je peux peindre beaucoup plus, je peux sérieusement préparer l'exposition du printemps 1882.

Mais cette exposition, aura-t-elle lieu ? Autre problème, autre faillite en vue avec le groupe impressionniste qui craque de toute part. Renoir et Manet faisant cavaliers seuls, Degas voulant imposer Raffaeli que tout le monde refuse, Cézanne s'étant retiré dans sa tour d'ivoire provençale, rien ne va plus. Il faudra que Durand-Ruel, dont la galerie bat de l'aile depuis le krach de l'Union Générale, prenne les choses en main, se transforme en monsieur Bons Offices, cherchant à amadouer et à réconcilier les peintres de mille façons. Il y parvient. Et le 1er mars 1882, au 251 de la rue Saint-Honoré, Manet, Renoir, Degas, Pissarro sont présents à cette septième exposition impressionniste, et moi je n'y présente pas moins de douze toiles qui feront, hélas, l'unanimité ! Manet murmure : Les Gauguin ? très médiocres cette année... Huysmans m'achève : Il n'y a là rien qui vaille... parlant même de couleur teigneuse et sourde. Teigneuse ! sourde ! ma peinture ! J'en crève de rage, j'en pleurerais. Qu'importe mes difficultés financières, ma situation compromise, si l'on doit me trouver teigneux et sourd. J'en deviens fou, j'en pleure. Il n'est plus question de perdre mon temps dans un bureau où je ne gagne même plus bien ma vie, il faut se jeter à corps perdu dans la peinture, s'y consacrer tout entier, faire des progrès, encore des progrès. Cela ne peut plus continuer ainsi, ou alors je vais éclater sur place.

Folie, exaltation tout intérieures. Seulement, parfois, devant Schuff et devant Pissarro, quelques mouvements d'humeur : que la Bourse et tout l'or de la Banque de France soient engloutis au fond de l'Océan, qu'on me laisse en paix et je ferai alors de beaux, de bons tableaux que je saurai vendre ! Mais

Pissarro et Schuff branlent du chef : pauvre Paul, il se berce d'illusions ! Ils ont raison, mais j'oublie – je veux oublier – que la vente des tableaux est affectée, elle aussi, par la crise, que l'exposition chez Durand-Ruel a été un échec financier. Partout le marasme, au point que le prudent Schuff quitte l'agence pour se lancer – avec l'argent d'un petit héritage – dans une affaire de doublé d'or, tout en préparant un concours de professeur de dessin. Je demeure seul chez Galichon, au milieu de têtes de carême, devant des carnets de commandes vides de toute commande. Trop c'est trop et, en janvier 1883, je prends ma décision. Adieu finance et raison ! Je m'en vais définitivement, salut, adieu, et un soir j'annonce à Mette, pétrifiée : la Bourse, le bureau, c'est terminé, désormais je peins tous les jours.

Je n'ai jamais cru au destin, encore moins aux hasards divins qui transfigurent – prétend-on – une œuvre. Je ne suis pas de ceux qui se laissent porter par la facilité – d'ailleurs je n'en ai guère –, qui parlent de don, d'inspiration, de révélation créatrice, tout comme si le Saint-Esprit visitait parfois les palettes et miraculait les pinceaux. Moi, j'ai seulement voulu vouloir, j'ai peint à coups de volonté. Et, à trente-cinq ans, alors que mon parcours est déjà loin du mitan de ma vie, il me faut déjà une volonté bien chevillée au corps pour tourner le dos à la normalité, pour tenir le coup face à une femme humiliée, furieuse, pour ne pas désespérer devant une situation matérielle qui se dégrade de jour en jour, et pour ne pas abandonner mon pari : devenir un grand artiste.

Prétentieux ? Naïf ? Peut-être. Mais tel est mon espoir, ma volonté. Et si je ne parviendrai plus à harmoniser les battements de mon cœur à mes rêves artistiques, à sauver un équilibre familial auquel je tiens pourtant profondément, j'arriverai, en revanche, à force de vouloir vouloir, à réaliser mon œuvre – et à en crever, il est vrai, seul, loin de tout et de tous. Je sais, je ne me suis pas comporté en bon époux et en père respectueux de ses devoirs, mais, en fin de compte, n'ai-je pas apporté beaucoup plus à la société qu'un honorable père de famille digne de tous les prix de vertu ? Et maintenant je dis, alors que je suis définitivement à l'ombre, enfoui à jamais sous la terre humide et tiède des tropiques, alors qu'arrivent jusqu'au flanc de ma montagne perdue au cœur du Pacifique, portés par les secousses telluriques, les tempêtes et même les vents alizés plus aimables, tous les grincements, les cris et les rires des humaines sociétés, je dis : aux créateurs exceptionnels – label de qualité qui m'est accordé aujourd'hui – ayant permis à l'humanité de se créer une image autre que médiocre, toute pétrie de quotidien étriqué, de barbaries multiples, aux artistes sublimes qui ont balisé l'histoire de chefs-d'œuvre permettant de ne pas complètement désespérer, il doit être beaucoup pardonné. Ne nous offrent-ils pas le soleil, la lune, ne nous rapprochent-ils pas de Dieu, ne nous donnent-ils pas le courage de vivre ? Et moi, qui ai été présenté au public comme un animal dénué de tout sentiment, n'ai-je pas aujourd'hui le droit de demander des excuses générales, universelles ? N'ai-je pas le devoir de ricaner, de cracher à la face du monde entier, en mon nom, au nom de Rimbaud, de Van Gogh et des autres, au nom de tous les vérolés, les alcooliques, les fous qui furent devins en leur temps, alors maîtres de l'avenir, maîtres aujourd'hui d'un présent qui ne m'apporte plus, de temps en temps, que quelques fleurs déposées sur ma tombe par de pieux touristes amateurs de célébrités disparues ?

Mais, pour l'instant, en ce printemps 1883, je me contente de patauger dans le quotidien le plus ingrat, tout en luttant contre Mette, chaque jour un peu plus rancunière. Elle avait épousé un homme raisonnable, elle vivait avec un père de famille responsable, elle se retrouve, du jour au lendemain, en compagnie d'un fou qui ne gagne plus sa vie. Elle a été trompée, flouée et elle ne me pardonnera jamais d'avoir perdu le beau train de vie, la douce respectabilité, d'autant moins que je ne manifesterai aucune bonne volonté. Pas question de retourner à la Bourse, de reprendre un travail régulier ! Tout au plus chercherai-je des combines pour me faire de l'argent, en attendant que se vendent mes tableaux. Ainsi je tente de placer des polices d'assurances, ainsi j'échafaude de mirifiques projets, comme cette histoire de tapisseries à réaliser à partir de peintures impressionnistes, ainsi je file vers l'Espagne pour faire passer la frontière à Zorrilla, chef du parti républicain réfugié en France. Mais les assurances ne se vendent pas, les tapisseries ne voient jamais le jour, et lorsque j'arrive de l'autre côté des Pyrénées l'insurrection a déjà échoué ! Il n'y a plus qu'à refranchir la frontière, avec Zorrilla planqué dans une charrette sous une meule de foin, tout en ressassant mon dépit : la République espagnole reconnaissante ne me versera jamais une rente à vie ! Quant à la peinture, c'est pire que tout – et pour tout le monde – au point que Durand-Ruel baisse les bras et décide de partir aux USA avec son stock de tableaux, au point qu'il n'y aura pas d'exposition impressionniste en 1883.

Nouveau coup dur pour moi, nouvelle impossibilité d'exister, de montrer au public mes toiles, de gagner peut-être de l'argent, et, comme d'habitude, je me dis qu'ailleurs – ailleurs ! un mot aussi gonflé d'espérance que demain – cela irait mieux, qu'en prenant du recul, qu'en quittant Paris pour s'installer, par exemple, à Rouen, afin d'y préparer l'exposition qui aura sûrement lieu – je croise les doigts – en 1884, ce serait une bonne chose. La vie est moins chère en Normandie que dans la capitale, comme me l'a affirmé Pissarro qui vient d'y passer quelques semaines, et il faut sérieusement ménager les économies, d'autant plus que je deviens père d'un cinquième enfant ! Et c'est Noël 1883 dans le beau pavillon de la rue Carcel, Mette donne le sein au petit Paul Rollon, je peins le jardin enneigé, mais dans quelques jours il faudra quitter tout cela et se mettre en route pour Rouen. Mette en est littéralement malade, et moi je ne sais plus qu'une chose : il faut au plus vite restreindre notre train de vie ou alors, après-demain, on coulera dans la totale misère.

Rouen, ce serait plutôt bien si les tracas ne me cernaient pas de toutes parts. C'est une belle ville, du gothique à chaque coin de rue, un bon musée, et je peux même me perdre en pensée dans des lointains plus heureux lorsque je marche le long de la Seine, face au proche océan. Et je marche beaucoup, en ce mois de janvier 1884, ne serait-ce que pour fuir Mette qui se plaint de tout, qui ne supporte plus la France depuis que la mouise a remplacé le luxe parisien. Pourtant, il faut bien rentrer à la maison, et je grimpe tout en haut de la rue de la République où, après une halte pour contempler, en contrebas, l'église Saint-Ouen qui se tient là depuis le XIVe siècle, je m'engouffre dans l'impasse Malherbe. Là, au numéro 5, nous habitons une maison discrète, sans charme ni panache, et je rumine : dans quelques mois plus un sou et mes tableaux pas près de se vendre ! Ah ne plus y penser et s'armer de patience devant Mette que je retrouve le visage fermé, qui me crache, à longueur de journée, des reproches – cette sale peinture l'aura-t-elle souvent outragée ! Un étranger, pire, un ennemi, tel me voit Mette, tel je me sens à ses côtés. Sans doute pense-t-elle : Paul, quel salaud ! On devrait le mettre en prison, le battre pour le ramener sur le droit chemin, pour le rendre à nouveau bon père, bon époux – c'est-à-dire bête de rapport. Mais rien n'y fera, rien ne me fera retourner en arrière, rien ne me fera retourner chez Galichon, d'autant moins que l'avenir de mon art me tracasse trop la tête pour que je redevienne un bon employé. Alors je peins, la ville, ses clochers, la campagne normande, et je sculpte, sans me laisser abattre, convaincu cependant que je ne vais pas assez loin – il n'y a pas d'art exagéré, il n'y a de salut que dans l'extrême –, que mes toiles de Rouen ne sont qu'un passage et que tout encore est à venir. Hélas, ni travail pictural, ni fortes pensées ne nourrissent son homme, je ne vends rien et je n'ai plus qu'à ruminer le dernier cri de Pissarro : Dites à Gauguin qu'après trente ans de peinture, quelques chevrons à la clef, je bats toujours la dèche, que les jeunes se le rappellent, c'est le lot, pas le gros... D'autant moins le gros lot qu'en 1884 il n'y aura pas non plus d'exposition impressionniste ! Encore un espoir à l'eau, et il va bien falloir que je prenne conscience de la réalité : en affaires comme en art, c'est le marasme et, chez les impressionnistes, c'est même la grande dissension. Vraiment rien de bon, ni à l'horizon ni à Rouen où cela devient vite pire qu'à Paris, avec la peinture qui ne se vend pas et des rapports de plus en plus tendus entre ma femme et moi. Cela ne peut plus durer, et Mette donne le signal de la débâcle, ou plutôt, pour elle, le signe d'un repli vers le Danemark originel.

Au mois d'août c'est l'embarquement pour Copenhague. Mette s'en va, avec bébé Paul – elle l'appelle déjà Pola, à la danoise – au creux du bras, et à la main la main de la petite Aline. Malgré mes yeux voilés de larmes je les vois grimper la passerelle du vapeur qui les emportera vers le Danemark, et dans ma tête tournent les derniers mots de Mette : Je m'en vais, ainsi on dépensera moins d'argent, là-bas j'habiterai chez maman, je donnerai des leçons de français, plus tard tu me rejoindras peut-être... Et c'est vrai qu'à Rouen, avec trois enfants au lieu de cinq, les économies fondront moins vite, et c'est vrai que cela fera du bien à Mette de retrouver sa mère, d'être accueillie comme une brebis égarée – ce Paul quel chenapan ! –, de reparler danois, de voir des gens normaux pour qui argent et réussite sont les seules réalités de l'existence, et de rêver que je reprendrai bientôt le droit chemin. Mais, en attendant, à Rouen, je me débats toujours sans résultat : je peins et je ne vends rien, je peins et je ne suis même pas satisfait de ma peinture. Quand donc arriverai-je à une plus grande force, à une vraie originalité ? Et je déambule dans les rues de Rouen, l'air absent, fixant les passants sans les voir, et sans doute me reconnaît-on parfois, sans doute doit-on murmurer : de plus en plus bizarre ce Gauguin, il file un mauvais coton, et savez-vous que sa femme, une étrangère, une Danoise, l'a quitté pour rejoindre son pays ? Mais je n'entends rien, je ne vois rien. M'envahit seulement parfois la peur d'être indésirable et inutile, me submerge aussi la lancinante obsession de la pauvreté : comment faire pour gagner un minimum d'argent avec la peinture – pas grand-chose, tout juste de quoi tenir le coup ? Mais je ne tiendrai pas le coup et je devrai capituler devant Mette qui, en octobre 1884, est revenue à Rouen pour récupérer ses enfants, ses meubles et me convaincre de la suivre.

Elle a gagné. J'irai à Copenhague, j'y serai même le représentant de la maison Dillies et Cie de Roubaix, honorable fabricant de toiles imperméables et impourrissables, ce qui me permettra, dans ce Danemark si pluvieux, de me refaire une trésorerie, tout en ayant pleinement le temps, j'en suis certain, de peindre sur de nouveaux motifs. Ça y est, la machine est repartie ! D'ailleurs les Danois sont de grands amateurs, c'est bien connu, et là-bas je vendrai mes tableaux bien mieux qu'en

France, et puis, surtout, la famille ne sera pas brisée... Il suffit de vouloir, il suffit de croire, allez Mette rien n'est perdu ! Et, après un bref séjour à Paris, où l'hospitalité et l'aide affectueuse de Schuffenecker font merveille, Mette et les enfants s'embarquent au début du mois de novembre 1884. Je les rejoindrai dans huit jours, lorsque toutes les tracasseries qui précèdent un grand départ seront réglées. Huit jours de solitude et de réflexion, pendant lesquels j'erre à travers les rues de la capitale, rendant visite une dernière fois aux tableaux amis du Louvre, jetant une dernière fois un regard aux œuvres exposées dans les galeries par des peintres qui se débattent sûrement comme moi au milieu de mille tracas familiaux et financiers, songeant qu'elle ne vaut pas cher cette société qui ne permet pas aux artistes de vivre autrement que comme des réprouvés et des parias, rêvant à des jours meilleurs où, échoué sur des récifs du bout du monde, dépouillé d'une civilisation qui tue les créateurs, je pourrai enfin peindre libre et paisible, peut-être même heureux.

Six mois de Danemark, six mois de calvaire, rien à voir avec le renouveau salvateur espéré. Les toiles impourrissables de la maison Dillies se vendent aussi mal que mes toiles, la belle-famille se montre un clan ennemi à l'unique refrain : qui est-il ce Français incapable de faire vivre les siens ?

Seulement un boursier raté, un peintre minable, un mécréant sans vergogne, un sale étranger qui ferait mieux de retourner presto d'où il vient... Charmante famille, charmant pays ! Pourtant je me donne du mal, j'apprends même le danois, je cours même dans la neige – pas de quoi me payer un traîneau – pour présenter, à l'arsenal, aux hôpitaux, aux chemins de fer, aux compagnies de navigation, mes merveilleuses toiles imperméables. Mais rien n'y fait, c'est la Bérésina, le guet-apens permanent, les humiliations répétées. Je ne dis rien, j'encaisse. Et Mette rit dans le grand appartement loué au 105 Gammel Konjeveg, lorsqu'elle donne des leçons de français à de futurs diplomates – surtout Paul ne te montre pas, tu ferais fuir ces jeunes messieurs... Et Madame mère, les belles-sœurs, les beaux-frères me toisent, murmurent à Mette : Vous ne pouvez plus vivre ensemble... Quel tourment ! Et rien n'avance, tout est lent, désespérant dans ce satané pays où le froid, la glace, la neige paraissent avoir figé êtres et choses dans un immobilisme sans fin. C'est pire que tout et je suis encore sans le sou, emmerdé jusqu'au cou, me consolant en rêvant, là-haut, dans le grenier où Mette m'a relégué, en peignant dans ce refuge – mon île déserte, ma maison artistique – où épouse et parents ne peuvent plus m'atteindre. Mais il faut redescendre, retrouver les

Danois méprisants – alors on peint toujours ? Quelle idée... –, retrouver Mette qui me traite comme un moins que rien, dressant même les enfants contre moi, couvrant de sa hargne Clovis et Aline, les deux petits qui me ressemblent le plus, qui portent de surcroît les prénoms des parents de ce mari minable et malfaisant. Je n'en peux plus. Chaque jour je me demande s'il ne faut pas aller au grenier me mettre une corde au cou.

Pourtant je tiens le coup, je continue même à peindre, et l'on me crie : c'est une honte, il faut d'abord gagner sa vie... Mais je ne vends que quelques bâches, quelques centaines de mètres de toile, je n'y peux rien, et l'on me dit : il faut attendre, être patient... En fait on se méfie de l'étranger balbutiant, dans un danois approximatif, des offres de matériaux inconnus, on se méfie de ma drôle de dégaine, on me le fait sentir et souvent je m'en vais en claquant la porte – une fois je jetterai même un verre d'eau à la tête d'un éventuel client. Ah vraiment il est impossible ton mari ! Vraiment vous ne pouvez plus vivre ensemble ! entonne à nouveau et plus fort la parentèle danoise, d'autant plus fort que la famille Gauguin doit quitter le dispendieux appartement du Gammel Konjeveg pour un logis plus petit, moins bien situé. Mette n'en peut plus d'humiliation, voudrait bien mettre un terme à ce mariage raté, et moi je rêve de Paris et de liberté. Je rêve de fuir la danoise médiocrité toute confite en bigoterie protestante, je rêve de fuir ce froid pays – j'ai horreur du froid ! – qui ne me donne que des rhumatismes, je rêve d'être seul, libre, et qu'on ne me parle plus de devoir ! Le devoir je l'ai mené jusqu'au bout, envers et contre tout, comme j'ai continué à peindre malgré sarcasmes et misère. Une vingtaine de toiles pas moins, l'ancien moulin de la reine, le parc de Frederickberg et ses patineurs, le portrait de mes enfants et même le mien : grave, résigné, coincé dans ma soupente, je semble perdu dans des pensées sûrement étrangères à ce Danemark où, c'est un comble, je suis bientôt tellement démuni qu'il m'est impossible d'acheter des couleurs.

Mais, tout à coup, le malheur semble devoir me laisser du répit. Est-ce vrai ? Non, ce sera seulement un leurre auquel, toujours prompt à l'espoir, je mordrai fort. Lorsque la Société des Amis de l'Art – avec un nom aussi ringard j'aurais dû me méfier – me propose d'exposer, j'accepte d'enthousiasme. Est-ce l'heure de la revanche ? Non, cela démarre le 1er mai, cela dure six jours, et c'est un four complet. Ici, plus qu'en France encore, on consomme de l'art, on le digère comme une pâtisserie crémeuse, et si la crème ne convient pas on la repousse doucement, sans bruit, sur le bord de l'assiette, tout comme sans bruit on m'a tourné le dos, à moi et à ma peinture. Vraiment ce n'est plus tenable, et je ne pourrai plus jamais penser au Danemark sans que me submergent les mots les plus durs : à propos de la famille, rancœur, mépris, à propos de la société, médiocrité, hypocrisie. Jamais je n'oublierai ce séjour horrible, dont le moindre détail fut une pénitence – ne devais-je pas, par exemple, commander mes cadres à un menuisier, les encadreurs risquant de perdre leur clientèle s'ils travaillaient pour moi ? Et si, avant de me fourvoyer à Copenhague, je refusais déjà ce qui était conventionnel et puritain, ces six mois d'épreuves nordiques me feront passer du refus au dégoût, au point de me rendre définitivement marginal. Au bout de vingt-six semaines, je n'ai plus qu'à plier bagages. C'est décidé, je pars, mais je ne pars pas seul, Clovis, mon fils, m'accompagne. Malgré tout, je ne veux pas détruire, d'un trait, douze années de construction familiale, je veux toujours croire qu'un jour il sera possible de retrouver un équilibre entre Mette, les enfants et moi. En attendant, sur le bateau qui m'emporte de Copenhague vers Kiel, dans le train qui, via Hambourg, me ramène à Paris, je me sens enfin libre. Pendant plus de cent quatre-vingts jours je n'avais pas respiré, tout m'avait écrasé comme une chape de plomb, et ces Danois avaient manqué avoir ma peau. Fuite, délivrance, enfin ! Et qu'on ne me parle plus jamais du Danemark – je hais le Danemark –, qu'on ne me parle plus de devoir – le devoir ! eh bien qu'on y vienne à ma place, je l'ai mené jusqu'au bout.

Paris non plus n'est pas toujours une fête, Paris est même d'une fréquentation difficile lorsque, sans argent, sans vêtements, sans travail, sans logement, avec un enfant de six ans dans les jambes, il n'y a plus qu'à marcher dans les rues au rythme de tristes pensées, le regard rivé aux pavés, sans même un sursaut de vitalité quand une belle, franchissant un caniveau, découvre une cheville, un blanc mollet, sans même l'envie élémentaire, printanière, de lutiner toutes ces filles qui semblent s'offrir sur les trottoirs parisiens du mois de juin. Mais rien, le cœur lassé, le sexe en bandoulière, je me dis seulement : heureusement qu'il fait beau et doux, qu'on peut se contenter du peu de vêtements emportés de Copenhague. Et Clovis, lorsqu'il est las de trotter derrière moi, peut toujours s'asseoir sur un banc à l'ombre d'un marronnier ou bien tenter de boire, en se haussant sur la pointe des pieds, au filet d'eau d'une fontaine Wallace. Et je songe, en reposant mes pieds gonflés, en consolant Clovis qui s'est quasiment trempé de la tête aux pieds sous la fontaine trop haute pour lui, je songe que, vraiment, il est dur d'être un élément de la société et d'avoir les portes fermées partout – martyr de l'art voilà ce que je suis !

Mais le bon peuple de Paris se moque de l'art et de ses martyrs, il préfère les grandes célébrités, celles que l'on statufie et que les colporteurs vous offrent sur des images d'Épinal. Ainsi, il y a quelques jours, les Parisiens ont été gâtés : pour un beau spectacle – gratis – cela a été un beau spectacle ! On en parle encore à chaque coin de rue. De quoi s'agit-il ? Tombant des nues danoises, je n'en sais rien. Vous ne savez pas ? Vous n'avez pas entendu parler des funérailles somptuaires que la République vient d'offrir à Monsieur Hugo ? Et je hausse les épaules, je poursuis mon chemin, je me moque bien du grand Victor ! Ce qui me préoccupe c'est de trouver gîte et nourriture dans ce Paris égoïste, replié sur lui-même, où trône le bourgeois de par la force de son argent et la contagion de sa sottise – comme le crie Huysmans, qui ajoute même que l'intelligence, la probité et l'art en sont morts ! Il y va fort Joris-Karl Huysmans car, même si la pesante autosatisfaction des nouveaux riches est écrasante, le Tout-Paris culturel de 1885 vit à l'heure du symbolisme : ainsi Verlaine, Rimbaud, Mallarmé sont habillés de la livrée symboliste, nul n'échappant aux définitions, pas même l'irréductible Rimbaud. Quant à moi je ne me sens pas très à l'aise devant les préoccupations exquises qui agitent écrivains, peintres, poètes et musiciens, alors que j'erre dans Paris, à la recherche de la plus modeste pitance, du plus petit logis. Comme toujours me déchirent l'art fascinant, vers lequel je tends de toutes mes forces, et les besoins élémentaires qu'il faut pouvoir satisfaire, ne serait-ce que pour avoir la force et la possibilité de peindre.

Pour l'instant il n'est pas question de peindre. Un soir je dors chez le sculpteur Bouillot – peut-être me prendra-t-il comme ouvrier ? –, une nuit c'est le bon Schuff qui m'accueille, à droite, à gauche toujours, et pas le moindre emploi en vue qui pourrait assurer à Clovis un minimum de bien-être et des repas convenables. Je vis d'expédients, comptant sur les amis, espérant une fois de plus que les choses vont s'arranger, à Paris ou ailleurs. Ailleurs ! toujours ailleurs, et si je vends quelques tableaux, j'irai me mettre à l'auberge dans un trou de Bretagne puisque l'on dit que la vie y est très bon marché. Mais, en attendant la Bretagne, il faut se débrouiller et, au courant de l'été 1885, après avoir confié – non sans difficulté – Clovis à ma sœur Marie, je prends le large. À Londres je retrouve Zorrilla et ses projets pour une révolution à Madrid – projets qui resteront projets. De Londres je glisse vers Dieppe, c'est la fin de l'été, les grandes marées. Les estivants rentrent à Paris et ne demeurent sur la côte que quelques artistes. Parmi eux Degas, Degas à qui je reproche d'avoir fait capoter les dernières expositions impressionnistes : il se fâche, on se brouille. J'en serai malheureux mais je ne dirai rien – je ne dis jamais rien –, me refermant encore plus sur moi-même, me durcissant dans une attitude que je crois hautaine et que plus d'un trouve ridicule. On ricane : Gauguin ? Un mage mégalomane ! Et quelle drôle de tête ! Et avez-vous vu son accoutrement de rapin, ses lourdes bagues ? Regardez-le marcher, faisant des moulinets avec sa canne, parlant tout seul ! Impossible d'avoir du talent avec une pareille dégaine... Les apparences sont contre moi, d'autant plus que j'en rajoute : la misère assomme ou rend provocant. Moi, je provoque, je me cabre, je deviens cassant, et si l'on me tourne en dérision, qu'importe ! Je suis au-delà des apparences, au-delà de l'urbanité, je cherche à survivre, je cherche à peindre, et à Dieppe j'y parviens malgré tout : quelques toiles à la Jongkind, quelques paysages, quelques marines sans importance. Mais l'été est vraiment fini, il faut songer à rentrer à Paris pour s'occuper de Clovis, pour s'occuper de ma peinture, en espérant avoir enfin des nouvelles de Mette terriblement silencieuse. Et si je devine que des mois difficiles m'attendent, je n'imagine pas à quel point, au point que le séjour danois sera, en comparaison, une promenade de santé.

Dès mon retour, alors que l'automne pèse déjà, pluvieux, sombre sur la ville, l'avalanche des événements mauvais commence à débouler. Marie me rend Clovis – elle ne veut plus le garder –, Schuff ne peut pas m'héberger bien longtemps – sa femme, une harpie, lui fait tous les soucis –, impossible de vendre un Renoir et un Pissarro que j'avais laissés à Paris, aucune nouvelle de Mette qui doit pourtant m'envoyer des vêtements d'hiver : a-t-elle l'intention de donner à ses frères mon paletot de fourrure ? Ce n'est pas avec un pantalon d'été élimé et un chandail de marin que je vais pouvoir trouver une petite place pour attendre, attendre que ma peinture se vende, évidemment ! Tout va mal, tout va aller encore plus mal, d'autant plus que les Jobbé-Duval, à qui j'avais confié Clovis, ne peuvent plus, eux non plus, le garder. Je finis par louer une misérable pièce, rue Cail, près de la gare du Nord : un lit pour Clovis, pour moi un matelas sur lequel je dormirai recroquevillé dans ma couverture de voyage, c'est tout ce que l'on a. On claque des dents entre des murs lépreux suintant d'humidité, mais, au moins, nous sommes chez nous, et si je recevais les vêtements, la literie demandés à ma femme, si j'avais du travail – n'importe quoi –, il serait peut-être possible de remonter la pente. Hélas il n'en est rien, et j'ai beau écrire à Mette qu'elle ne doit pas s'inquiéter de Clovis, qu'à son âge on n'a pas de souffrance quand on se sent un peu aimé, j'ai beau répéter, de lettre en lettre, qu'il n'est pas sous-alimenté, d'autant moins que les meilleurs morceaux sont pour lui, et qu'avec un œuf, un peu de riz, il mange très bien – surtout quand il a une pomme pour le dessert –, j'ai beau rassurer Mette, la vérité est des plus sombre : lorsque Clovis tombe malade de la petite vérole, il ne me reste plus que vingt centimes en poche.

Depuis trois jours nous mangeons du pain sec acheté à crédit et, complètement affolé, je parviens à me faire embaucher comme colleur d'affiches à la gare du Nord. Pendant trois semaines, les doigts gourds de froid, visqueux de glu épaisse presque gelée, je colle des affiches pour cinq francs par jour, tandis que Clovis claque des dents dans son lit. Une voisine le visite parfois et, au soir seulement, je peux le soigner, le dorloter un peu. Joyeux Noël ! car c'est Noël 1885, avec quarante de fièvre pour Clovis, avec l'angoisse pour moi de le voir mourir, et j'écris à Mette qui se répand en jérémiades, qui se plaint de tout et de tous – surtout de moi –, j'écris : Ton amour-propre de Danoise sera blessé d'avoir un mari colleur d'affiches, qu'est-ce que tu veux tout le monde n'a pas du talent... Heureusement que je suis persuadé du contraire ! Bientôt Clovis guérira et j'en aurai fini avec pots de colle et papiers gluants, mais j'aurai compris qu'il est impossible de s'occuper d'un enfant lorsqu'on est un homme seul et que la misère est trop grande. Clovis ira prendre le bon air à Antony, dans les jardins de la pension Lennuyé, que Marie daignera régler une ou deux fois, afin que l'enfant ne souffre pas trop de l'irresponsabilité de son raté de père, Mette n'arrangeant rien, là non plus, écrivant à sa belle-sœur que je suis un misérable l'ayant abandonnée pour cette atroce peinture ! Cette atroce peinture qui, en fait, me permet de survivre : bientôt va avoir lieu la huitième exposition du groupe impressionniste et je parviendrai à tenir jusqu'au printemps, jusqu'au jour du vernissage. J'aurai résisté, de l'automne 1885 à la fin de l'hiver 1886, à deux saisons en enfer, et si la misère n'est rien, ou presque rien, si l'on s'y habitue et qu'avec de la volonté on finit par en rire, beaucoup plus terrible est l'empêchement au travail et au développement des facultés intellectuelles : la souffrance vous aiguise peut-être le génie mais il n'en faut pas trop, sinon elle vous tue.

La huitième et dernière exposition impressionniste ne me tuera pas, mais ce sera une nouvelle grande amertume. Je devrai admettre que mes paysages rouennais, dieppois, danois, que mes dix-neuf toiles, où j'oscille encore entre réalisme et impressionnisme, ne font pas le poids devant celles de nouveaux venus, ces pointillistes dont Seurat porte le flambeau et qui s'impose avec son monumental *Dimanche après-midi à la Grande Jatte* et sa méthode : il faut diviser les tons sur la toile en la pointillant de taches de couleurs vives. Et Signac, le meilleur ami de Seurat, en rajoute, donne des ordres : il faut respecter absolument la pureté des couleurs pures... Ah on ne plaisante pas du côté des pointillistes ! Plus question de jouer avec les couleurs de manière anarchiste, interdiction d'être fantaisiste, de loucher du côté de la cohue polychrome de Monet et consorts ! Et voilà même Pissarro père et Pissarro fils qui pointillent de concert, le vieux Camille – avec qui je me brouille – ne jurant plus que par cette nouvelle manière, d'après lui hautement scientifique. Je n'ai plus qu'à me mettre en sourdine, à écouter, à regarder, à tenter de comprendre pourquoi, après douze ans de vie, l'impressionnisme meurt doucement – en tant qu'avant-garde – dans cette salle de la rue Laffitte, au-dessus du restaurant La Maison Dorée, dans l'immeuble même où j'ai aligné pendant des années des myriades de chiffres. Je n'ai plus qu'à tenter de comprendre pourquoi, après maintes désertions, il n'y a plus que Berthe Morisot et Émile Schuffenecker qui se cantonnent aux jeux de lumière impressionnistes, le bon Schuff qui, mortifié d'avoir été refusé au Salon officiel de

1883, s'est découvert sur le tard une vocation d'indépendant ! Quant à Degas, il fait du Degas, quant à Guillaumin, il fait du fauvisme avant la lettre, quant à Monet, Renoir, Cézanne, ils sont absents et leurs œuvres tentent de conquérir New York où Durand-Ruel vient de lancer la première exposition impressionniste américaine.

Il ne me reste plus qu'à me satisfaire des commentaires de Félix Fénéon, de voir avec lui une harmonie sourde se dégager de mes tableaux, c'est mieux que rien ! Mais ce serait tout de même plus satisfaisant si je n'avais pas vendu qu'une seule toile de deux cent cinquante francs, achetée par Bracquemond le sculpteur. De quoi désespérer encore ! N'est-il pas préférable de partir tout de suite pour l'Océanie, où l'on me propose une place d'ouvrier agricole ? Ou bien, à défaut de ce lointain saut dans l'inconnu, n'est-il pas plus sage de gagner tout de suite la Bretagne, ce paradis à bon marché pour peintres en rupture de capitale ? Sûrement. Pourtant j'attends encore un peu, ce qui me permet de faire la connaissance du céramiste Chaplet – l'égal des Chinois –, avec lequel j'espère pouvoir travailler à mon retour de Bretagne, et de me familiariser avec la peinture de Seurat et de ses amis, appréciant la simplification, le hiératisme des figures qui me rappellent Puvis de Chavannes, refusant pourtant la technique de ces peintres qui constellent leurs toiles de confettis multicolores en étant persuadés de détenir la vérité absolue. Non ! il y a autre chose que cette systématisation, quelque chose de plus vaste, de plus profond que je trouverai un jour.

Mais tout cela ne nous empêchera pas, rois de la couleur pure ou grognards de l'impressionnisme, de faire la fête au soir du vernissage. La vie continue, avec ou sans petits points, et l'on saute sur l'impériale d'un omnibus, pour gagner les Hauts de Belleville où, au Château Rouge, au bord du lac Saint-Fargeau, on fait bombance. Je veux être gai, je veux oublier, le temps d'une soirée, traquenards, déconvenues, misère. Je chante, je danse, je raconte même des histoires de matelot qui font rougir les dames. Au dessert, les gens des noces allument des feux de Bengale dans les bosquets. On crie, on rit. Les enfants et les amoureux viennent admirer, se moquer et toucher même – cela porte bonheur – la grande barbe blanche de Pissarro. On a bien mangé, on a beaucoup bu, et c'est une bande de fêtards éméchés qui prend d'assaut, pour finir la nuit, les cafés des grands boulevards. Cela fait longtemps que je n'ai pas tant ri. Après l'hiver que je viens de passer ce n'est pas un luxe, et les filles sont belles avec leurs robes légères, et j'oublierai bientôt, dans les bras d'une blonde ou d'une brune – je ne sais plus –, le malheur d'être peintre sans succès, le malheur d'être seul avec femme et enfants au loin. Cependant la fête, la gaieté ne dureront qu'une nuit : l'exposition de la rue Laffitte est un échec, je recommence à tirer le diable par la queue – et Mette qui songe à un voyage en France ! Ce n'est pas le moment, d'autant moins que je viens de quitter le taudis de la rue Cail, que je ne sais pas où aller. Chez le bon Schuff ? Oui, bien sûr, mais je ne pourrai pas y rester longtemps. Dans l'atelier que Signac – parti aux Andelys – veut bien me prêter ? Ce serait une excellente solution si Seurat ne m'en refusait pas l'accès : on se fâche, et plus jamais je ne participerai aux expositions de ces petits jeunes gens qui accumulent des petits points. Vraiment il vaut mieux partir pour la Bretagne faire de l'art dans un trou et oublier les déboires parisiens ! À la fin du mois de juin 1886, après avoir été embrasser Clovis qui restera à la pension Lennuyé, après avoir emprunté quelques centaines de francs à un ancien collègue de la Bourse, après avoir ficelé ensemble toiles vierges, chevalets, boîtes de peinture, et avoir empli une valise en carton de mes frusques, je gagne la gare Saint-Lazare pour grimper dans le train de Quimperlé : destination Pont-Aven.

Holà, cela va-t-il devenir ici le cimetière des éléphants – des éléphants de cirque–, et va-t-on piétiner longtemps ainsi au-dessus de ma tête, ébranler ma maison de terre et troubler mon grand effort de réminiscence ? Qu'est-ce ? Et j'entends parfois des sanglots. Qui pleure-t-on à Atuona ? Pas moi, c'est évident, mais je peux toujours rêver, imaginer qu'à titre posthume je déclenche des passions chez des jeunes filles fraîches qui se rongent de s'être trompées de siècle, de ne m'avoir point connu plein de sève et de sang, prêt à leur rendre tous les hommages. Oublions. Aucun cœur ne bat plus pour moi – pas même le mien – et je sais qu'un chanteur de café-concert, illustrissime à Paris et à Bruxelles, est venu mourir ici, est enterré ici – voulait-il me tenir compagnie ? – non loin de moi sous la même terre. Je sais aussi que pour lui, pour son souvenir encore chaud, pour ses chants encore vibrants sur les gramophones, ils sont nombreux ceux et celles qui viennent marteler le sol des Marquises d'une gigue funèbre, qui viennent pleurer sur la dernière scène de ce baladin. Et j'enrage encore devant la foule stupide, confondant toujours poudre aux yeux et exigeante création, criant au génie alors que je n'entends ici que gentil talent et grande enflure publicitaire. Ainsi en est-il de siècle en siècle, Rimbaud méconnu, rejeté, Verlaine crevant de pauvreté, devant tous deux laisser la place à de lénifiants troubadours. Et même si certains, par leur chant, dépassent la générale médiocrité, même si mon nouveau voisin – un Belge je crois, qu'aurait dit Baudelaire ? – semble ne pas être dénué de sensibilité, de conviction, d'une bonne voix forte qui naguère parvint jusqu'à moi, porteuse de refrains que je murmure encore, surtout celui où il me rend hommage, où il fait fredonner Gauguin à des marquisiens chevaux blancs – merci bien –, même si ce garçon alla lui aussi jusqu'au bout de son voyage sans médiocres concessions ni démagogie excessive, malgré tout cela il ne faut pas pousser, charrier, il ne faut pas vouloir faire prendre vessie pour lanterne. Mais de parler ainsi, du fond de mon méchant logis, n'est-ce pas envie et dépit à l'égard de ce mort tout jeune, aux os encore mal blanchis, qui doit se souvenir encore de la chaleur de la vie ? Peut-être. Et alors bienvenue camarade ! Nous nous rencontrerons sûrement bientôt au détour d'une galerie, et nous sucerons de concert racines de manguier, d'arbre à pain et de badamier. Alors je te raconterai des secrets, je te ferai cheminer sur de plus hauts chemins que ceux de tes chansons, et tu me chanteras encore – mais doucement, s'il te plaît, afin que ne s'écroule pas, sous les vibrations de ta voix, notre modeste nécropole – tes chevaux qui me fredonnent, et je te dirai comment je découvris Pont-Aven en juillet 1886, comment je me mis à aimer cette Bretagne où, lorsque mes sabots résonnèrent sur son sol de granite, j'entendis le ton sourd, mat et puissant que je cherchais depuis si longtemps en peinture.

Je marche, sur la route de Concarneau, je descends vers Pont-Aven, de vallon en vallon, saluant les bonnes femmes en coiffe de dentelle qui se campent sur le seuil de leurs maisons blanches aux toits d'ardoise. Bonjour ! Mais l'on ne me répond pas : méfiance ! Qui est cet étranger ? Un vaurien, un moins que rien, un rien du tout de la ville bien capable avec son vilain air de faire tourner le lait des vaches... Bonjour ! Et les hommes, tout en velours noir, avec visage rouge surmonté d'un chapeau rond, ne répondent pas non plus : méfiance ! Qui est-il celui-là ? Encore un qui va à Pont-Aven peindre les champs, les pommiers et même les vaches dont on finira bien par faire tourner le lait... Et, malgré le mutisme des indigènes, elle me plaît déjà cette terre grave aux paysages tout en demi-teintes, loin de la légèreté de l'Île-de-France chère aux impressionnistes, elle me possède déjà cette lande aux genêts jaune d'or, à la bruyère mauve froissée par le grand vent, cette lande où se dressent des chapelles et des calvaires si noirs lorsque courent dans le ciel les nuages de pluie, si lumineux lorsque le soleil y fait éclater mille milliards d'étincelles de mica. Je vais aimer, j'aime déjà ce pays d'inquiétude et de mystère, où les prêtres et les sorciers se partagent le cœur de ces femmes, de ces hommes qui se dandinent tous les dimanches après-midi – coiffes blanches au vent comme mouettes du large, rubans des chapeaux au vent comme penons au mât des voiliers du large –, en de longues processions qui se perdent dans la lande, d'un crucifié de pierre à l'autre. Et ils chantent des cantiques rauques qui se perdent dans l'air marin, dans l'air invisible ou les coiffes blanches et les chapeaux ronds savent bien qu'esprits des morts, fées, saints martyrs, farfadets et même Trinité Sainte font eux aussi d'interminables processions. Tout cela m'attire beaucoup plus que les trop nombreux artistes – académistes de surcroît – qui peuplent Pont-Aven, transformant en kermesse ce bourg si plaisant avec ses moulins dressés sur l'Aven, au milieu des peupliers et des maisons basses, solides et trapues comme leurs habitants.

Mais les habitants, eux, sont contents de cet afflux d'artistoïdes qui reviennent chaque année comme les hirondelles – depuis vingt ans déjà –, qui louent maisons, chambres et greniers, qui emplissent l'hôtel de Julia Guillou – la bonne hôtesse – et la pension plus modeste de Marie-Jeanne Gloannec, où je m'installe. Je serai bien dans l'une des mansardes de la petite maison qui donne sur la rivière, j'y suis bien, paisible, tranquille, à l'abri du besoin pour quelques mois. Je peux peindre autant qu'il me plaît et je peins sans relâche, indifférent aux peintres américains, anglais, hollandais, suédois et même – quelle horreur ! – danois, indifférent aussi – dans un premier temps – aux Français, à ces garçons avec qui je partage la table d'hôte, mis à part un jeune homme – maigre sifflet à la santé peu brillante – qui m'admire : Charles Laval me suit pas à pas, dresse son chevalet près du mien, écoute mes conseils comme paroles d'Évangile et glisse avec conviction de l'académisme à l'impressionnisme. Bientôt, à Pont-Aven, tout le monde admettra que Gauguin est le plus fort, et le monde aura raison ! Il faut dire que j'en mets un coup, que je fais même de grands progrès et des petites découvertes, mélangeant mes couleurs le moins possible pour gagner une plus grande luminosité, dessinant le plus simplement possible pour atteindre une stylisation plus grande, peignant des champs et des maisons que je synthétise de plus en plus – synthèse : mon nouveau mot ; synthétiser : ma nouvelle idée –, et comme je me sens entouré, admiré, par Laval bien sûr, mais aussi par d'autres jeunes gens qui me disent un maître – Puigaudeau, Granchi-Taylor, Delavallée, Jourdan et d'autres –, je reprends du poil de la bête, je rajeunis, je redeviens sec comme un hareng.

Je me regarde, je vois un grand visage osseux au front étroit, un nez ni courbe ni busqué, cassé plutôt, des lèvres minces à inflexion nulle – un trait –, des paupières lourdes – capotes de fiacres se soulevant lentement sur des yeux saillants aux prunelles bleuâtres qui se meuvent lentement –, de longs cheveux bouclés châtain tirant sur le roux, des moustaches peu fournies et une barbe courte et clairsemée. Et le corps ? Il me semble musclé, trapu, fort, remis en forme par l'escrime et la boxe que je pratique chaque matin, après le café au lait de la pension Gloannec. Escrime avec Kerluen, le bon maître d'armes, ancien quartier-maître, chef de port de Pont-Aven, et je me fends, je touche – qui s'y frotte s'y pique ! Boxe avec Bouffar, mauvais peintre mais roi de la savate, et je frappe sec, je lève la patte – on respecte autant mes directs que mes jeux de palette ! Quand j'ai bien transpiré, quand j'ai bien éliminé mauvais souvenirs, mauvaise graisse parisiens, je plonge nu dans l'Aven, je nage à contre-courant de la rivière. Tout cela est excellent pour la peinture, pour le moral, et pas la peine, les filles, de me faire les yeux doux ! Il n'est pas question, cet été, de perdre en galipettes l'énergie que je veux garder toute pour mon art. Et, avec mon béret sur l'oreille, mon chandail de marin, mon pantalon de toile, j'ai plus l'air d'un capitaine en escale que d'un artiste peintre en rupture de capitale. Mais j'aime aussi, à présent, faire le mystérieux, celui qui sait, les jeunes peintres de Pont-Aven demeurant suspendus à mes lèvres lorsque, d'une voix sourde et voilée, tout en roulant une cigarette ou en bourrant une pipe de terre, je dis : oubliez le motif, peignez de mémoire, ainsi votre œuvre sera vôtre... je dis : employez les couleurs du prisme en les juxtaposant... Oui, on m'écoute ferme autour de la table d'hôte de la Marie-Jeanne Gloannec et, satisfait, je me verse encore une rasade de gnôle.

Pour la première fois je suis artiste à part entière, nul ne conteste la force de mon talent, et cela fait du bien après tant d'années de chien battu. Je retrouve aussi, avec jubilation, mon argot de marin que je mêle à celui de rapin : on trouve mes propos colorés, savoureux et même parfois empreints de noblesse et de pureté. Ah le bel été ! Et je me laisse aller à faire des bêtises de collégien, à peindre des oies aux couleurs de l'arc-en-ciel, à intervertir les enseignes des commerçants – enfants que nous sommes ! poivrots plutôt. Après nos escapades on se replie chez Marie-Jeanne Gloannec où, jusqu'à minuit, on reconstruit le monde de la peinture, et à minuit, Marie-Jeanne crie : Messieurs, au lit ! Il est temps de faire place nette, de laisser se coucher les petites bonnes de la pension – attention pas de femmes cette saison ! même si la bête me travaille... –, qui grimpent dans leurs lits clos dressés contre les murs de la salle à manger. Sous mon édredon, j'oublie un peu le nouveau Gauguin aux fortes certitudes, fort en gueule et ne craignant ni Dieu ni diable, je pense à Mette, aux enfants, je me sens bien seul malgré tout, et demain j'écrirai à Schuff pour qu'il vienne me rejoindre. Ce sera bon pour sa peinture, ce sera bon pour moi de voir un vrai ami qui connaît mon passé et ma famille dont ici je ne parle jamais, tout fier que je suis de jouer au mystérieux, au puissant Paul Gauguin. Puissant ! Moi ! Puissance d'argile oui ! Mais je ne dois pas déprimer au fond de mon lit, au fond de ma mansarde d'où je vois des nuages pommelés courir dans un ciel qu'éclaire la lune, des nuages qui ont traversé l'océan pour venir courir sur la lande. Demain, je partirai à l'aube, j'irai près de la mer travailler jusqu'au soir. À midi, si la marée est basse, j'arracherai quelques berniques aux rochers, je trouverai quelques moules sous les goémons que je ferai ouvrir sur un petit feu de bois flotté. Je mangerai, seul, à la pointe de mon couteau, en regardant l'océan recouvrir à nouveau grève et rochers, et j'enfoncerai mon béret sur les oreilles – parce que viendra de se lever un petit vent frisquet – avant de retourner à mon chevalet. Demain sera une bonne journée.

Schuff est arrivé au début du mois d'août. Salut l'ami ! Crois-moi, ici c'est épatant et l'on y fait même des progrès ! Mais Schuff ne restera que quelques jours, Pont-Aven ce n'est pas son coup, une campagne maritime à quelques kilomètres de l'Océan ne lui convient pas, il lui faut un bord de mer complet. Schuff s'installe donc à Concarneau d'où, deux semaines plus tard, il m'envoie le jeune Émile Bernard qui l'a fortement impressionné, tant celui-ci est doué pour la peinture, tant sa tête est prompte à lier, à délier nouvelles idées et théories nouvelles. Pourtant il m'irrite cet Émile de dix-huit ans qui pointille avec frénésie – quelle idée ! –, trop sûr de lui, trop intellectuel, installé en face de moi à la table d'hôte de Marie-Jeanne, et avec qui je me limite à bonjour, bonsoir. Mais l'été avance, disparaît peu à peu dans les nuages et dans la pluie : mon humeur s'en ressent, et il va bientôt falloir regagner Paris, affronter mille soucis – sera-ce aussi terrible que l'hiver dernier ? Pont-Aven se vide, septembre, octobre glissent dans la solitude et la grisaille, le beau moral s'envole au fil des jours, et j'espère seulement qu'à Paris Chaplet tiendra promesse, que je pourrai me lancer dans la céramique en sa compagnie. Le 13 octobre 1886, c'est la mise en route, ce soir je serai installé dans un nouveau petit taudis – loué par le bon Schuff, au 257 de la rue Lecourbe – et tout recommencera.

Avec des bas, des hauts, la mauvaise chanson recommence. Des bas : la peinture qui ne se vend toujours pas, mes finances à zéro, la pension de mon fils à payer, ma sœur qui ne veut plus entendre parler de Clovis et de son raté de père – bien qu'elle me propose de partir, pour un salaire de misère, travailler avec son Chilien de mari, Juan Uribe, à Panama. Des hauts : la céramique qui me passionne et Chaplet qui m'encourage. La céramique ! Mon seul soleil de cet hiver 1886-1887 : grâce à elle je renoue avec l'enfance, je retrouve les vases mochica qui peuplaient la demeure de l'oncle Pio, j'oublie la froidure, la misère, et mes souvenirs dansent avec les flammes du four de Chaplet, lorsque se mettent à vivre des poteries qui bourgeonnent d'animaux, de végétaux et de têtes humaines – petits produits de mes hautes folies. Chaplet dit, en faisant tourner dans la lumière mon dernier vase où vibre une scène bretonne rehaussée d'or : plus tard cela aura un succès fou... Mais, en attendant, je n'ai toujours rien à me mettre sous la dent ! Épuisés les trois cent cinquante francs d'un Jongkind, vendu à mon retour de Bretagne, et je vis aux crochets de Schuff, et Degas – oubliée la fâcherie de Dieppe – a beau chercher à me remonter le moral – votre réputation grandit, Gauguin, bientôt vous l'entendrez de loin ! –, je ne peux plus travailler. J'ai faim, j'ai froid, je suis sans un sou et c'est presque un soulagement lorsque j'attrape une mauvaise grippe, si mauvaise qu'elle m'envoie pour un mois à l'hôpital. Halte, repos et méchantes rêveries, au point d'écrire à Mette que tant de solitude, de déveine ont accumulé dans mon cœur tant de fiel que, si elle venait alors me voir, je la recevrais méchamment : Mette qui se plaint encore, qui vit pourtant un paradis à côté de mon exécrable quotidien.

Voilà mes dernières hardes au Mont-de-Piété, voilà mon horizon bouché par une mendicité qui me dégoûte, et nous voilà comme deux clodos – mon nouvel ami Vincent et moi – dans les rues de Montmartre. Le rouquin Vincent, tel un animal d'apocalypse, avec sa peau de bique et son bonnet de lapin, danse sur le trottoir enneigé une danse de mort et d'espoir, criant la venue prochaine de phalanstères d'artistes et d'expositions géantes. Je souris, malgré le froid, la faim, et nous faisons halte chez son frère

Théo qui travaille à la galerie Boussod et Valadon, nous nourrit parfois et nous évite la grande famine, Théo Van Gogh qui, devant Dieu, se sent responsable de son frère, ce visionnaire de feu et de flammes. Nous marchons, hagards, décharnés dans les rues de Montmartre, il fait froid, il fait faim, et nous rasons les murs tels deux miséreux rêvant de repas chauds, continuant pourtant à parler peinture. Et si j'expose aux côtés de Van Gogh, de Toulouse-Lautrec, d'Anquetin, de Kooning, d'Émile Bernard, dans un restaurant de Clichy – ce qui ne peut rien donner de bon –, c'est seulement pour ne pas décevoir ce grand cœur de Vincent qui me veut un chef, un maître, qui du fond de sa misère souffre encore plus de la mienne ! Mais tout cela est pitoyable et vain. Il vaudrait mieux oublier Paris où le froid me glace – au physique comme au moral –, où tout devient laid, exécrable, tant je suis privé d'affection, où les déboires me rendent encore plus cruelle l'absence de Mette et des enfants. Et je rêve de Madagascar où l'on doit me proposer une affaire – encore une utopie –, et je rêve de l'île de Taboga, tout près de Panama, où je fis relâche quand j'étais marin de vingt ans. Oui, j'irai là-bas, je partirai – j'y pense depuis si longtemps !

Ça y est, les billets sont pris. Laval a décidé de m'accompagner, et en avril nous embarquerons à Saint-Nazaire. Je n'ai plus qu'à mettre en ordre mes pauvres affaires, laisser mes tableaux à Théo et faire une procuration pour Mette, au cas où l'oncle Zizi d'Orléans vienne à casser sa pipe – il a soixante-dix ans. Mette croit qu'à Panama je me referai de l'argent et, pour cela sans doute, elle se fait tendre dans ses lettres. Je me prends à son jeu, je redeviens tendre aussi, l'embrassant même mille fois, écrivant même : je t'aime... Je t'aime ! Le mot est lancé, depuis combien de temps ne l'avais-je pas prononcé ? Un siècle, mille ans ! Et Mette débarque à Paris pour y chercher Clovis, pour m'y embrasser aussi. Nous nous embrasserons bien. En fait, après quinze mois de séparation, je serai heureux et malheureux de la revoir. Je n'ai pas changé, elle non plus, je n'ai pas grand-chose à espérer, elle non plus, et tout ne sera plus que contradictions. Aimer Mette et savoir que vivre ensemble n'est plus possible, vouloir devenir un grand peintre, m'imposer à Paris et savoir qu'il faut partir le plus loin possible pour ne pas mourir ! La veille du départ, je dirai à Mette : prends ce que tu veux... Et à Copenhague elle emportera livres, toiles et céramiques, et je partirai en ne laissant derrière moi que de la tristesse et du dépit – dépit amoureux à l'égard de Mette et à l'égard de la peinture, ingrates toutes deux. Le cœur lourd, je grimperai dans le train pour Saint-Nazaire d'où nous embarquerons, Laval et moi, le

10 avril 1887, à destination de Colón. Là-bas, tout ira mieux, c'est certain, je repartirai de zéro, et un jour je reviendrai accompagné de toiles étonnantes, auxquelles on rendra enfin hommage et justice ! Mais, en attendant, alors que la côte grise de Saint-Nazaire s'éloigne, j'ai seulement envie de crier le cri de l'ami Rimbaud, j'ai envie de hurler assez fort pour qu'ils m'entendent tous, à Paris comme à Copenhague : oui je suis une bête, un nègre, mais je puis être sauvé... Vous êtes de faux nègres, vous, maniaques, féroces, aveugles...

Des nègres et des vrais à Panama il y en a des tas, et ils chantent – ces pauvres, ces misérables nègres : Panama Si, Panama No... au rythme des coups de pioche, des pelletées de terre arrachées au profond et large sillon qui éventre la forêt tropicale. C'est ça ton paradis ? murmure Laval, effondré, et je dis : ne t'en fais pas et filons à Taboga, mon île ! Mais là-bas aussi il y a de quoi s'en faire. C'est toujours, partout, la saison des pluies, et la Société des Travaux du Canal interocéanique de Panama n'a rien trouvé de mieux que de construire à Taboga un hôpital et une maison de repos, où les ouvriers mutilés brunissent leurs moignons entre deux averses, où les paludéens oublient les enchevêtrements végétaux vibrant de moustiques. Il n'y a plus qu'à s'en retourner, trempés de pluie et de sueur – trente-deux degrés, jamais moins –, il n'y a plus qu'à se réfugier à Colón dans une baraque en planches vermoulues, au milieu des cancrelats et des rats, parmi les crabes et les serpents venus de la forêt de palétuviers. Le paradis ? L'enfer oui ! D'ailleurs, dès le début, tout avait mal commencé, avec une traversée dans la tempête et à fond de cale comme du bétail, avec des escales trop courtes à la Guadeloupe et à la Martinique – belles îles, un enchantement vraiment –, où nous aurions peut-être dû nous installer, où nous aurions sûrement dû nous installer, à présent que je vois ce qu'est devenu Panama : un vaste chantier, un sordide far-west tropical, avec dix mille ouvriers africains, chinois, indiens, européens qui creusent, depuis quatre ans, le canal interocéans, qui creuseront encore longtemps, quoi qu'en pense Ferdinand de Lesseps, oublieux de la versatilité des actionnaires, de l'effroyable climat et des effroyables conditions de vie qui tuent plus d'un homme pour moins d'un mètre de canal. Et puis, à Panama, tout est hors de prix – tarif de palace pour la moindre chambre d'hôtel –, et il se révèle impossible de louer un terrain, afin d'y construire une case, tant les Colombiens se montrent âpres au gain. Quant à mon beau-frère Uribe il se moque de nous comme de colin-tampon, et me voilà même arrêté par les gendarmes – sans qu'il daigne intervenir –

pour avoir pissé dans un trou infect empli d'étrons et de tessons de bouteille, devant payer une amende, ne pouvant même pas protester : là-bas une balle dans la tête est si vite arrivée ! Mes souvenirs m'ont trompé, les choses ont changé, et il n'y a plus qu'à espérer gagner assez d'argent pour pouvoir rejoindre la Martinique, il n'y a plus qu'à s'engager aux côtés des forçats du canal – mieux vaut manier la pioche que pondre des portraits bien académiques, bien photographiques de la bourgeoisie locale. Je creuse de cinq heures du matin au soir six heures, tenant le coup au milieu des hommes qui s'écroulent terrassés par la fièvre, tenant le coup sous le soleil, sous la pluie inhumains, dans un nuage permanent de moustiques. Laval attrape même la fièvre jaune, se suicide même – se rate –, et je travaille le jour, je le soigne la nuit. Ah le beau paradis que ce supplice en cette étuve tropicale où, d'arbre en arbre, les singes semblent ricaner de voir leurs frères imberbes se tuer à faire des trous en criant, en hurlant, en se battant même parfois à coups de pioche ou de pelle ! Mais je ne travaillerai que quinze jours au percement du canal, on licencie à tour de bras : Lesseps a des soucis d'argent – ce n'est pas demain qu'on abandonnera le cap Horn pour passer de l'Atlantique au Pacifique – et je fais partie de la charrette des quatre-vingts premiers manœuvres éliminés. Il n'y a plus qu'à racler nos poches jusqu'au dernier sou et à embarquer sur le premier bateau en partance pour la Martinique.

Nous débarquons à Saint-Pierre, soulagés de ne pas avoir laissé nos peaux dans les miasmes de l'isthme, mais sans un rond – sans un rond vraiment : sur le quai nous vendons même nos montres aux enchères pour pouvoir nous installer dans une case à nègre du bord de mer ! Là cela ira mieux. Il fait beau, il fait bon, devant nous la plage et la mer, au-dessus de nous les palmes des cocotiers et le vol multicolore des papillons et des oiseaux-mouches, derrière nous les champs de cannes à sucre et les bananiers, tout autour de nous la foule gaie des doudous coiffées de madras chantant et pépiant sans fin. Au matin, des pêcheurs nonchalants poussent leur barque vers le large : à midi ils nous offriront du poisson. Alors je cueillerai quelques bananes, quelques piments, et sur un petit feu de bois, devant notre case, je ferai sauter le tout au fond de la marmite que m'a prêtée notre voisine, une grosse mama qui nous gâte, s'affligeant de notre maigreur, de notre pauvreté. Aujourd'hui, sa fille de seize ans, une ravissante aux seins pointus qu'elle me propose chaque jour avec un peu plus d'insistance – pourquoi résister ? –, est venue m'offrir une goyave fendue dont elle presse la chair rose parfumée sur la chair noire parfumée de ses seins – je ne résiste plus –, et la pulpe du fruit coule entre mes lèvres, et la diablesse rit. Et je rirai longtemps au souvenir de ce mulâtre à la triste figure qui me crie : ah monsieur quelle imprudence ! ce fruit fendu, cette fille sans vergogne ! Tout cela n'est que sortilège, et dorénavant vous serez à la merci de cette enfant... Pourquoi non ? Ce serait charmant et je voudrais bien que toutes les belles indolentes, à la croupe dansante sous les cotonnades multicolores, me jettent mille sorts, me fassent oublier contre leur peau noire tous les malheurs, toutes les tristesses. Mais, pour les lutiner, il faudrait au moins être en forme, comme je l'étais quelques mois plus tôt à Pont-Aven, et ne pas sentir mon corps se dérober, foutre le camp. Malade ! Je suis malade comme une bête ! Ce sont les miasmes de Panama qui frappent à retardement, mais qui frappent fort et, un mois après mon arrivée à Saint-Pierre – à la mi-juillet 1887 –, je m'effondre, malade à mort du foie et des tripes, hurlant de douleur sur ma paillasse de varech, les mains au ventre, la bave à la bouche, la fièvre à fleur des tempes. Je vais crever, c'est sûr ! Déjà presque cadavre au jaune visage bilieux, ne pouvant plus ni boire ni manger, je ne suis que coliques, vomissements – pauvre chose effondrée et puante.

Laval me soigne à son tour, m'entoure de son amitié, tandis que je regarde, à longueur de journée, mes toiles accrochées aux murs – peintes avant de m'écrouler – et auxquelles je m'accroche comme à un dernier recours. Je ne veux pas mourir alors que je vois bien qu'il y a là du progrès, que je tiens enfin ma force, mon originalité, que je suis enfin lucide dans mon propre ciel, enfin libéré de trop d'influences que je traîne depuis trop longtemps – tout cela peut-être grâce aux couleurs éclatantes que m'a offertes la Martinique. Et il faudrait à présent que mon corps me lâche ! Pas question ! je serre les dents, petit à petit je remonte la pente, et je la remonterais à coup sûr plus vite si Mette m'écrivait, si la finance était – elle aussi – un peu moins malade, si le médecin ne me disait pas : ou vous rentrez en France, monsieur l'artiste, ou vous serez à tout jamais malade du foie et des fièvres... Ça va, j'ai compris, j'ai encore trop à peindre pour me laisser crever ici, et, jouant à la bonne santé, je parviens à me faire embarquer comme matelot sur un voilier.

Après deux mois de Panama, après quatre mois de Martinique, je débarque seul à Paris – Laval prolongeant son séjour antillais –, sans un sou encore et sous la neige – déjà – du mois de novembre 1887, accueilli, recueilli par le bon Schuffenecker en son petit pavillon de la rue Boulard. C'est Paris en automne, en hiver, une nouvelle fois, avec le froid qui glace ma carcasse fatiguée, avec des dettes qui ne se sont pas envolées, avec des projets de céramique chez Chaplet qui capotent, m'échappent comme le reste, avec un vent de guerre qui souffle de l'Allemagne et qu'en France attise Boulanger – le général Revanche ! –, avec des affaires toujours aussi mauvaises à Paris qu'à Copenhague où Mette, elle aussi, se débat dans la panade. Que puis-je faire pour l'aider ? Rien ou presque, lui écrivant seulement : ne perds pas courage, nous en avons besoin tous les deux... lui envoyant seulement un pendentif que j'ai découpé dans un morceau de tôle ramassé dans le jardin de Schuff – parvenant tout de même à lui expédier cent francs des cent cinquante que m'a rapporté la vente d'une céramique. Et, comme je vois un semblant de lumière au fond du tunnel, je la supplie de ne pas jeter le manche après la cognée, d'attendre encore un an.

Une lumière ? Une éclaircie ? Hé oui ! Avec Vincent qui dit : c'est de la haute poésie vos négresses... avec Théo Van Gogh qui m'achète, pour neuf cents francs, trois tableaux de négresses, qui organise pour moi – à l'entresol de la galerie Boussod et Valadon, boulevard Montmartre – une exposition de mes toiles bretonnes, de mes toiles antillaises et de mes céramiques qui me vaudront même de bonnes critiques de Roger Max, de Paul Adam et de Félix Fénéon : peut-être suis-je sur le point d'être lancé ? Dans cet hiver parisien il y a du bon, ce n'est pas le moment de se laisser aller, de laisser tomber, et c'est pourquoi je vais faire un effort suprême en allant six mois à Pont-Aven peindre des tableaux en quantité. À mon retour je frapperai un grand coup, quitte ou double, banco contre tout le monde ! Non, Mette, je n'irai pas te rejoindre au Danemark comme tu me le demandes, bien que mon cœur se fende en pensant à toi et aux enfants – mais il serait encore plus fendu si je devais repartir après quelques semaines passées auprès de vous. Je n'irai pas me refaire une santé – comme tu l'imagines – sur la côte danoise, en nageant tout nu dans l'eau glacée, je préfère repartir pour la

Bretagne qui a été bonne pour moi, qui le sera peut-être encore. Et je pars courant février 1888, regrettant seulement que Vincent ne m'accompagne pas, regrettant qu'il préfère, aux brumes atlantiques, la lumière du Midi où cet amoureux d'Hokusai et d'Hiroshige espère découvrir, à portée de train, un Japon provençal, espère créer là-bas – en Arles – un atelier du Midi, dont il aimerait tant – dit-il – me voir un jour le chef.

Second séjour breton qui démarre dans l'hiver et dans la solitude cette fois, avec – en souvenir de Panama – une dysenterie assassine qui me cloue au lit la moitié du temps. J'écoute crisser, sur les vitres embuées de ma chambre – à la pension Gloannec toujours –, un gris crachin gelé qui se transforme parfois en neige, et quand s'arrêtent la pluie, la neige et les coliques je me lève. Je vais marcher longuement dans la lande, je fais halte longuement dans les mastroquets de Pont-Aven, où je bois du vin chaud à la cannelle en compagnie des villageois. Je me sens de plus en plus en accord avec cette nature sauvage, de plus en plus proche de ces gens primitifs et, malgré le froid et la maladie, je peins. Enfin le printemps revient, n'apportant, hélas, que giboulées et peintres académiques – plus redoutables ces derniers que la colique ! Il faudra attendre juin pour qu'arrivent le soleil et le temps doux, meilleure santé et bons compagnons : Laval, Chamaillard, Moret et même Bernard qui, ayant enfin abandonné le pointillisme, peut devenir mon ami ! L'été redonne vie à Pont-Aven, redonne de la gaieté à mes pinceaux qui dansent sur la toile, font danser des Bretonnes aux coiffes blanches et aux jupes bleu de Prusse sur fond de prairie vermillon. L'été 1888 est bien le temps où, pour la première fois, je peins avec totale maîtrise, réelle grandeur, et, le petit Bernard et moi, nous allons de l'avant, cloisonnant, synthétisant gaiement, travaillant en gros plans, cassant les perspectives, cernant les sujets d'un trait appuyé, multipliant les aplats de couleurs vives et louchant de plus en plus du côté des Japonais. Et me voilà même amoureux de Madeleine – la sœur d'Émile Bernard –, amoureux sans espoir de cette enfant exaltée, belle et éprise d'absolu – comme j'aurais tant aimé que le fût Mette –, amoureux platonique parce qu'il ne peut pas en être autrement entre un presque barbon de quarante ans et une fleur exquise de dix-sept ans. Quel été !

Mais, si j'espère, contre toute évidence, trouver bientôt une miraculeuse solution à tous mes problèmes financiers en montant une géniale association de banquiers et de peintres, si je jubile en voyant le jeune Sérusier quitter le clan académiste pour venir me rendre hommage et prendre des leçons – je lui ferai peindre le Bois d'Amour de manière abstraite, synthétique, et ce sera, sur un couvercle de cigarillos, le Talisman, ce grand message auquel rendront grâce Bonnard, Vuillard, Denis et tous les Nabis à venir ! –, si je peux enfin écrire à Schuff qu'un vent des plus favorables souffle pour moi du côté des artistes, si tout cela me donne la certitude de ma force et de mon talent, il n'en reste pas moins que la plupart des critiques sont contre moi. Ils se moquent, ils ricanent : écoutez Gauguin pontifier et endoctriner ses jeunes amis, Gauguin qui prétend qu'il ne faut pas copier la nature, que l'art est une abstraction servant à s'élever vers Dieu... Et je vais d'humiliation en humiliation, ne vendant rien et voyant même mes cadeaux refusés ! Le curé de Nizon me crie : Vade retro Satanas... lorsque je lui offre ma *Vision après le sermon*, pour qu'il l'accroche sous les belles poutres bleues de son église. J'ai beau me dire : qu'importe si les imbéciles me comprennent de moins en moins, pourvu qu'une poignée de fidèles me reconnaissent bon peintre et beau poète ! J'ai beau être persuadé de mon talent, je sais que tant que mes toiles ne se vendront pas je ne pourrai rien bâtir de sérieux, et je me fais une raison, je réponds aux appels affectueux de Vincent – bien seul, trop seul en Arles – qui m'espère, m'attend. Pour l'aider à patienter je lui envoie même mon portrait – une vraie tête de galérien –, recevant en retour le sien – un vrai visage de hors-la-loi –, et je partirai dès que j'aurai reçu le mandat de Théo qui vient de m'acheter pour trois cents francs de poterie. Le 21 octobre 1888, j'embarque dans la diligence qui m'emportera vers Quimperlé d'où je prendrai le train et, dans quarante-huit heures, je serai à Arles, auprès de Vincent qui m'a déjà sacré roi de son atelier du Midi.

Un cri d'angoisse vers le ciel – un ciel embrasé où Dieu et diable se déchirent en des soleils ocre jaune, où l'âme et les sens se déchirent en des giclées d'or –, tel est l'art de Vincent. Quant à l'homme, qui est-il ? Je ne sais. Poète mystique à l'état sauvage ? Saint au cœur brûlé ? Peintre de génie, aux couleurs en fusion pour l'éternité ? Fou déchiré qui crie et qui pleure : jusqu'à quand mon Dieu ? Van Gogh est tout cela sans doute, et sans doute plus encore. Et il faudrait que j'aie été la cause – comme l'ont prétendu certains – de sa misère et de sa folie ! Quel horrible pouvoir aurait été alors le mien ! Aujourd'hui, je regrette seulement que Vincent ne soit pas plus proche, allongé comme moi sous la terre des Marquises, cohabitant enfin avec moi pour l'éternité. Nous parlerions peinture – évidemment –, nous ferions le bilan de nos existences ratées, de nos œuvres abouties, pleurant à deux voix la vie enfuie, riant d'un rire sans fin en pensant à nos tableaux aujourd'hui portés aux nues – de notre vivant pas même dignes d'être accrochés aux chiottes ! Mais je dérape – l'amertume n'est-ce pas –, et je veux seulement, ici, tenter de me souvenir de ce que furent les deux mois passés en Arles auprès de Vincent. L'heure des enterrements – ni fleurs ni couronnes – n'est plus, l'heure des pleurs et des grincements de dents n'est plus, seulement ici, maintenant, l'heure des bilans, le temps des pourquoi, des comment – pourquoi cela s'est-il passé ainsi ? comment en sommes-nous arrivés là ?

Quand j'arrive à Arles c'est encore la nuit. J'attends le jour à l'Alcazar, un café de nuit, où le patron s'écrie : ah, je vous reconnais ! c'est vous le copain... Je souris, je ne savais pas mon portrait aussi ressemblant, je n'avais pas imaginé Vincent le baladant par la ville, le montrant à ses connaissances – patrons de bistrot, gentilles putes. Mais le jour se lève, et, ni trop tôt ni trop tard, je vais réveiller Vincent dans la petite maison jaune, de l'autre côté des vieux remparts – tout près d'un jardin planté de lauriers-roses, de cyprès, de platanes, tout près de la gare et de la voie ferrée, tout près du quartier des Templiers, aux rues étroites riches en bordels. Me voilà ! bonjour ! Et Vincent m'embrasse, me cajole. Ah vrai, il m'attendait fort, m'attendait comme une fiancée, et j'en suis un peu gêné alors qu'il me fait visiter : au rez-de-chaussée, cuisine et atelier, à l'étage, sa chambre et la mienne qui est la plus grande, la plus belle, avec vaste lit de noyer et murs chaulés où éclatent les *Tournesols* de Vincent. Mais l'ami Van Gogh parle tant que j'en ai la tête qui tourne : et savez-vous que j'ai pensé à vous avec grande émotion en installant votre atelier... et savez-vous que depuis des mois je marche – chauffé à blanc – comme une locomotive à peindre... et savez-vous que parfois j'ai l'impression que ma tête va se rompre... Et moi je souris, je dis : vraiment ? vraiment ? Calmez-vous Vincent... Je m'étonne du désordre qui règne dans la maison, des tubes pressés, dispersés, jamais refermés, je m'étonne aussi que, malgré tout ce gâchis, tant d'éclat rutile sur ses toiles, rutile aussi dans ses paroles exaltées. Pourtant, dès le lendemain de mon arrivée nous sommes à l'ouvrage, lui en continuation, moi à nouveau, mais, comme je n'ai pas les facilités cérébrales que d'autres – sans tourment – trouvent au bout de leurs pinceaux, comme dans chaque pays il me faut une période d'incubation pour apprendre chaque fois l'essence des plantes, des arbres, de toute la nature si variée et si capricieuse, je reste quelques semaines avant de saisir clairement la saveur âpre d'Arles et de ses environs.

En fait, je me sens dépaysé dans cette Provence qui, pour moi, n'a ni la magie ni la mélancolie de la Bretagne, Bretagne où tout est plus solennel, plus large, plus entier, plus défini que dans cette petite nature rabougrie et brûlée des garrigues et du maquis. Et les couleurs – proteste Vincent – ne chantent-elles pas plus qu'en Atlantique ? Certes, les couleurs vibrent plus ici, mais comme elles paraissent grises à côté de celles des tropiques ! Enfin je ne suis pas content – en souffre Vincent –, d'autant moins content que ses opinions me choquent, que je le comprends mal. Comment peut-il peindre des tableaux tout feu tout flammes, alors qu'il est fasciné par Meissonier ? que Degas fait son désespoir ? que Cézanne lui paraît un fumiste ? J'enrage ! On s'engueule ! Et Vincent fait des efforts pour me plaire, pour marcher dans mon chemin – il copie en cloisonnant *les Bretonnes dans la prairie* de Bernard, il abuse moins des couleurs complémentaires, il essaye même de travailler de mémoire. Mais j'ai tort, grand tort – alors je ne m'en rendais pas compte – d'obliger Vincent à passer la main et à se mettre à mon heure. Lui, brûlé de passion, travaillant dans l'impulsion et la frénésie, moi, tout en volonté, en sauvagerie raisonnée, trop autoritaire pour le pauvre Vincent qui a déjà, sans doute, peur de me perdre et qui se plie en rechignant. Et il faut bien admettre que

Vincent et moi sommes peu d'accord en général et pas du tout en peinture ! Il est romantique, je suis porté à l'état primitif, il voit – sur ses toiles – les hasards de la pâte, je déteste les tripotages de la facture ! Pauvre Vincent ! Je peux dire aussi : pauvre Paul ! car, si je ne suis pas assez souple, pas assez tolérant, Vincent de son côté, à l'amitié envahissante, absolue, épuisante, oscillant sans cesse entre la colère – me crie Vincent : ce n'est pas normal Paul d'avoir votre grande intelligence et de posséder un front si petit, signe d'imbécillité... – et une tendresse, un altruisme d'évangéliste – me raconte Vincent : j'ai soigné des semaines et des semaines un mineur brûlé, déchiré par un coup de grisou, perdu, foutu disaient les médecins, et moi je l'ai sauvé...

Cependant – pour en revenir au quotidien –, je me rends compte, dès mon arrivée, que tout part à vau-l'eau dans la petite maison jaune et que je dois tout reprendre en main. Nous ne mangerons plus au café de la Gare – l'argent file trop vite –, et je ferai la cuisine sur un petit fourneau à gaz, Vincent s'occupant des provisions – plus question de le mettre aux casseroles, une fois suffit, une soupe suffit dans laquelle il mélangea les ingrédients à la manière des couleurs sur ses toiles, et ce fut immangeable, et il était ravi, dansant, criant autour de la soupière : Tarascon ! la casquette au père

Daudet... Et, pour mieux ménager nos finances, je dispose dans une boîte pièces et billets : tant pour la nourriture et le loyer, tant pour le tabac et les imprévus, tant pour les promenades nocturnes hygiéniques – mes théories ont changé, de l'hygiène et du coït voilà ce qu'il faut à l'artiste ! Tout cela étant réglé, je me mets enfin à peindre, je m'installe, carnet de croquis sur les genoux, dans la grande allée des Alyscamps, je me lance même dans une peinture nocturne – un café de nuit, un bordel plutôt car les lupanars sont lieux privilégiés pour Vincent. Nous sommes des habitués du numéro 1 de la rue du Bout-d'Arles et, en compagnie de Gaby – le béguin du rouquin – et d'autres putes riantes, chantantes, toutes en déshabillés bleu céleste ou vermillon, nous buvons sec dans la grande salle – aux murs teints à la chaux bleuie – du père Louis. Je suis bien à l'aise, content au milieu des filles, des militaires et des marlous, je trouve même que la vie va plutôt bien – bon travail, bonne nourriture, bonne baise –, mais je ne me rends pas compte que pour Vincent mon régime est un peu fort. Plus j'en fais, mieux je vais, tandis que, pour lui, il faudrait sûrement moins d'absinthe, moins de visites à Gaby, d'autant moins qu'il devient de plus en plus nerveux, devinant que je ne resterai pas longtemps à ses côtés, le devinant si fort qu'il peint mon fauteuil – bois rouge, paille verte – abandonné, déserté par Gauguin le mauvais ami ! Et c'est vrai, Vincent, que je partirai si ma peinture continue à prendre de l'ampleur, si l'exposition à laquelle je suis invité à Bruxelles marche aussi bien que celle organisée à Paris par Théo – quatre toiles bretonnes vendues, dont une à Degas ! –, si la critique suit Schuff qui trouve que les tableaux arlésiens envoyés à Paris sont encore plus forts que ceux de Pont-Aven – Schuff ébloui, voyant au bout de mon chemin briller une gloire semblable à celle de Rembrandt ou de Vélasquez ! Et puis, vous le savez bien, Vincent, je rêve toujours à la Martinique, au Tonkin, à Java, vous savez bien aussi – vous l'avez dit vous-même – que l'avenir est aux peintres des tropiques qui n'ont pas encore été peints.

Mais, lorsque je parle ainsi, Vincent pâlit, ne répond rien, allumant sa pipe et me tournant le dos. En quelques semaines il devient de plus en plus bizarre, écrivant sur les murs de sa chambre : je suis Saint-Esprit, je suis sain d'esprit... me criant : il ne faut pas partir, me trahir... me jetant au visage un lambeau de journal où je lis : le meurtrier a pris la fuite... La nuit, Vincent entre même de plus en plus souvent dans ma chambre, et je me réveille en sursaut sous sa barbe rousse et ses yeux brillants : qu'avez-vous, Vincent ? Et il s'enfuit ! J'en ai assez, mais ce n'est pas fini. Le jour où je lui offre son portrait – Vincent peignant sa nature morte aux tournesols –, il s'effondre en larmes, sanglotant : c'est bien moi, mais moi devenu fou... Au soir de ce même jour, sans doute parce qu'il sait que mon départ se précise, alors que, tranquillement assis au café je sirote une absinthe, Vincent, sans un mot, me jette son verre au visage. J'esquive, je me contiens et, le portant à moitié, je le ramène à la maison où il s'endort comme un enfant. Trop c'est trop, je sature ! Et la prochaine fois saurais-je me maîtriser ? Cela devient trop dangereux – pour lui, pour moi –, c'est décidé je m'en vais, et au réveil je dis : demain je m'en vais... Vincent ne répond rien, et la journée – un dimanche – se déroule silencieuse, tous deux évitant le tête-à-tête, tous deux calmes, courtois – mais moi, j'étouffe –, et au soir je sors, j'échappe à la petite maison jaune et à Vincent. Je marche dans l'air sec et froid de la Provence hivernale, la nuit tombe, les becs de gaz s'allument. Comment aurais-je pu deviner que ces pas rapides derrière moi étaient ceux du malheur, alors que partout l'on chantait Noël ? que ces pas sont ceux du malheur qui se rapproche ? Et je fais volte-face pour découvrir, à quelques mètres, Vincent haletant, pointant vers moi la lame de son rasoir et, à l'idée du froid métal déchirant ma chair, dégoulinent mes flancs, mes cuisses d'une ondée de sueur. Mais je ne dis rien, je ne crie pas – la gorge bien trop nouée –, je jette seulement mon regard le plus froid, le plus calme dans les yeux affolés de Vincent qui tourne casaque, repart en courant, criant : vous êtes taciturne, je le serai moi aussi. Que veut-il dire ? je ne sais, mais je sais que mon cœur bat fort, que mes jambes flageolent. On a beau se croire brave et avoir vu plus d'une fois sortir couteaux et rasoirs dans des rixes de port, on a beau avoir du courage et du sang-froid, un homme à la lame effilée qui vous charge dans la nuit a de quoi effrayer ! Cependant, aujourd'hui encore, me lancinent ces mots : ai-je été lâche ? N'aurais-je pas dû le désarmer et le ramener encore une fois à la maison ? Peut-être, et pourtant je n'ai pas hésité, j'ai filé à l'hôtel – pas question de dormir sous le même toit que Vincent ! Mais, à trois heures du matin, je ne dors pas, à sept heures trente, je suis debout, et à huit heures, j'écarte le cercle des badauds qui font station près de la maison jaune – un instant mon cœur s'est arrêté de battre ! Devant moi, dans l'entrée, un monsieur à chapeau melon, au regard sévère – le commissaire ! misère... Et dans son regard me voilà Caïn, et le chapeau melon dit : qu'avez-vous fait de votre frère ? Abel est-il mort ? misère...

Nous montons à la chambre de Vincent. Du sang, partout du sang, sur les carreaux, sur les murs, sur les draps où, recroquevillé en boule – vieux fœtus blanc et roux –, semble être mort Vincent. Vincent mort ? Ma tête éclate ! Qu'as-tu fait de ton frère ? Doucement je palpe le corps, la peau est tiède, le cœur bat, Vincent dort la tête emmaillotée d'une serviette en turban rouge sang, une serviette nids-d'abeilles comme celles du bordel, comme celles dont se sert Gaby que mon ami aime tant. Et je dis au fonctionnaire : vous le réveillerez avec grand ménagement, vous direz doucement : tout va bien, tout va bien, Paul est seulement parti pour Paris... Mais que s'est-il passé ? Ceci : Vincent, de retour au petit trot à la maison, rasoir toujours en main – désespéré de son geste contre moi ? désespéré à l'idée de mon départ prochain ? –, s'était coupé l'oreille à ras de tête, puis, toujours trottant et pissant le sang, un béret au ras des yeux comme bandage, l'oreille coupée comme une amulette initiatique au fond d'une enveloppe, il avait gagné la rue du Bout-d'Arles, frappé à la porte du numéro 1 et, trottant toujours, saignant toujours, il avait rejoint ces demoiselles au salon, avait murmuré – tendant l'oreille enveloppée à Gaby : souvenir de moi... Et il était reparti, trottant, saignant, vers la maison jaune où, dans son sang, dans ses larmes, il s'était endormi. Et moi je m'en vais, je m'enfuis – il n'y a plus qu'à télégraphier à Théo et à remonter sur

Paris. Tout à l'heure Vincent se réveillera, demandera sa pipe et son tabac – bien calme vraiment –, puis, sa valise faite, répondant bien calmement au commissaire et aux infirmiers, il se laissera emmener à l'hôpital. Oui, tout comme s'il ne s'était rien passé, il se laissera emmener, mais, à minuit, à l'heure où naît le Christ – son frère, son ami –, à l'heure où toutes les cloches sonnent Noël, Vincent basculera dans son enfer, criant, hurlant, chantant, insultant les religieuses, se roulant par terre, se noircissant même le visage de charbon – n'est-il pas lui aussi un nègre ? un pauvre nègre ? Pour Vincent, Noël sur terre ne sera jamais plus, jamais plus l'espoir ne sera à ses côtés, et, un jour, n'en pouvant plus de demander sans cesse : jusqu'à quand mon Dieu ? il se tirera un coup de pistolet au creux de l'estomac et, bien calme – bien calme vraiment –, sans haine ni pour Dieu ni pour les hommes, il s'éteindra.

Toujours du sang, des larmes, quelle fatigue ! Vraiment le mieux serait de se taire, mais se taire quand il ne reste plus que le droit à la parole, me taire lorsque, pour meubler l'éternité, je n'ai plus que ma vie à dire et à redire, il n'en est pas question ! Il vaut mieux continuer, rassembler les bribes, entasser dans la tombe ce que ma mémoire a su garder, lambeaux de chair et de soleil, déchirures de rêves et de pluie que je dois rassembler, empaqueter dans un linge blanc bien serré – suaire ? –, où une goutte de sang – miracle ! – sourd encore. Est-ce le sang de Vincent ? Est-ce celui du sieur Prado que j'ai vu se faire raccourcir, le 28 décembre 1888 à l'aube, sur la place de la Roquette – femmes hurlant, femmes trempant leurs mouchoirs blancs dans le sang qui gicle au pied de la guillotine ? Mais quelle idée d'avoir été, dès mon retour, assister à cette macabre fête, alors que je suis encore bouleversé par le sanglant Noël arlésien, que je ne peux pas oublier le visage roux, exalté, sanglant de l'ami Vincent ! Et cela me fait du bien de revoir le pantouflard Schuff, m'accueillant à bras ouverts rue Boulard, m'aidant à trouver un atelier près de chez lui, avenue de Montsouris. Pour une fois je suis à flot ! Je peux même payer trois mois de loyer grâce aux tableaux vendus par Théo, je peux même envisager un voyage à Bruxelles pour voir comment marche l'exposition où j'ai envoyé douze toiles, je peux même projeter un voyage à Copenhague pour aller embrasser Mette et les enfants. Mais les Belges sont aussi bornés que le curé de Nizon – ils jettent eux aussi l'anathème sur ma *Vision après le sermon* –, mais à Paris la situation économique se dégrade – pour moi, toujours aussi mauvais dans la gestion de mes finances, pour tout le monde, avec la faillite de la Compagnie du Canal de Panama –, mais Mette ne paraît pas emballée à l'idée de ma venue – elle dit : faire pareille dépense n'est pas sérieux, et j'ai peur que tu rencontres mes frères... Alors je n'irai pas à Bruxelles, je n'irai pas à Copenhague, je ne partirai pas non plus pour la Martinique – où trouverais-je l'argent du voyage et de l'installation ? –, je retournerai tout simplement à Pont-Aven, le temps de faire quelques tableaux au calme et à moindres frais.

À Pont-Aven je peins et j'attends que s'ouvre, en mai, l'Exposition universelle où la République, fière d'elle-même et de ses progrès, va fêter un centenaire en forme de tour Eiffel. Bravo ! J'y serai, j'y suis. Pas pour la tour Eiffel, non, ni pour le palais des Beaux-Arts, que l'on finit de construire sur le Champ-de-Mars et où régneront, seuls, académiques et pompiers, mais bien pour les pavillons coloniaux de l'esplanade des Invalides, pour les Canaques, les Congolais, les Tonkinois, pour le temple d'Angkor reconstitué, pour les Javanaises de douze ans qui dansent et me font rêver, pour Buffalo Bill et ses chevaux et ses lassos et ses chapeaux – j'en achète un ! N'ai-je pas fière allure, Buffalo de la peinture, avec mon galurin du Grand Ouest sur le crâne, alors que je déambule au milieu de la foule immense qui serpente entre les pieds de la tour Eiffel – éblouie, ébahie devant le monstre d'acier et les fontaines lumineuses ? Mais j'évite le palais des Beaux-Arts, grosse choucroute dorée aux tuiles bleues, jaunes et or, rempli des croûtes de Couture, de Cabanel et de Meissonier, pour gagner le café Volpini où je fais sourires et clins d'yeux à la pâle princesse russe qui dirige les grincements inharmonieux de son orchestre de femmes, où je salue les amis, Schuff, Bernard, Guillaumin et les autres membres de notre honorable groupe impressionniste et synthétique qui, à défaut du palais des Beaux-Arts, a trouvé les murs du signor Volpini pour l'accueillir. C'est mieux que rien et, un matin de mai 1889, alors que Sadi Carnot inaugure l'exposition, nous arrivons, tirant, poussant une charrette chargée de nos précieux travaux qui, vite fait, sur fond de velours grenat, sont accrochés à l'intérieur du rutilant café. Hélas, le public gardera les yeux cramponnés aux tétons des violonneuses tressautant sur l'estrade au rythme de vieilles mazurkas, daignera à peine effleurer du regard nos belles couleurs, nos beaux dessins !

Encore une fois c'est raté, encore une fois il vaut mieux quitter Paris où je n'existe toujours pas, encore une fois il vaut mieux repartir pour la Bretagne. À défaut de Pont-Aven, à présent trop connu, plein de monde étranger abominable, plein de faux artistes, de vrais touristes, je me réfugie au Pouldu. Merci, capitaine Jacob, d'avoir bien voulu nous embarquer Sérusier et moi, sur votre barque de gabelous pour nous déposer – après descente de l'Aven, après escale à Rosbras, Brigneau, Douelan – au port du bas Pouldu. Là, c'est le calme absolu, la sauvagerie absolue. Quelques fermes et leurs paysans, quelques barques et leurs pêcheurs, quelques carrioles et leurs rouliers qui les emplissent de sable, quelques champs à l'herbe rase et leurs vaches, tandis qu'à marée basse de maigres adolescentes – de l'eau jusqu'à la taille, des haillons collés à la peau – enfournent, avec des fourches, dans des tombereaux, des tonnes de goémon qui serviront d'engrais tandis qu'au loin, au bout des vagues tout contre l'horizon, l'île de Groix semble un immense navire fantôme pétrifié dans le ciel gris. Tout cela me convient, et je marche le long des falaises, sur la grève, respirant l'air du large encore chargé d'embruns, la tête emplie du fracas des vagues qui s'écrasent et rampent, blanches, sur les rochers, échafaudant des univers magiques où ma peinture est reine, où je n'ai plus besoin de vivre misérablement comme à l'hôtel Destais – au carrefour des routes de Quimperlé et de Clohars-Carnoët, sur les hauteurs du Pouldu –, avec seulement un franc pour mes repas quotidiens, avec seulement deux sous de tabac. Mais je ne veux pas être seul et, lorsque Sérusier part à l'armée accomplir une période, je récupère à Pont-Aven un autre compagnon, un peintre hollandais, tout petit, tout bossu, toujours coiffé d'une grande chéchia rouge, toujours cramponné à une grande Bible d'au moins dix kilos, tel est Jacob Meyer de Haan, curieux bonhomme, bon camarade. Et nous nous asseyons longuement devant les pardons et les calvaires, nous faisons de longues haltes dans des chapelles de granite où des Christ de bois, aux membres d'écorchés, au visage résigné, semblent nous jeter à la face un long cri silencieux qui n'aura jamais de fin, comme n'auront jamais de fin les tourments des artistes honnêtes, incompris, malheureux qui lancent vers le ciel leur œuvre semblable à un long cri silencieux auquel nul ne répond.

Barbarie de la vie, absurde quête, méchante errance qui me ramène encore une fois sans un sou à Pont-Aven où je peins le calvaire de Nizon, où je peins le Christ jaune de la chapelle de Trémalo, là-haut, au-dessus des prairies et du village. Est-ce la désespérance qui m'amène de plus en plus souvent devant Jésus et sa croix ? Peut-être, bien que l'espoir ne soit pas mort vraiment, que je rêve toujours d'un départ vers les tropiques, que j'en rêve tant que je sculpte un grand panneau – *Soyez amoureuses et vous serez heureuses* – où tout déjà annonce l'art barbare, l'inspiration sauvage que j'espère trouver au bout du monde. Demain ? Après-demain ? Je n'en sais rien, il faut de l'argent, je n'en ai pas, et ce n'est pas demain ou après-demain que le public me trouvera du talent, achètera mes tableaux, acceptera même mes cadeaux ! Déjà humilié par le curé de Nizon, voici Angèle Satre qui remet ça, qui pleure devant son portrait, et son mari – s'il n'était pas si malingre – me lancerait volontiers son poing à la figure. J'ai beau lui dire : tu as tort Frédéric, j'ai mis tout ce que je pouvais dans ce tableau... J'ai beau dire : non ce n'est pas moquerie, mais cadeau, remerciement pour vos gentillesses et celles de votre mère qui me fait si souvent crédit en son petit café...

Rien n'y fait ! On trouve atroce, dégoûtant, le portrait de la Belle Angèle, et je repars avec ma peinture sous le bras, désespéré une nouvelle fois. Pourquoi vivre si nul ne me reconnaît mérite et talent ? Si nul ne trouve qu'avec mon travail je donne du bonheur et de la beauté ? Au moins si j'avais de l'argent – obsession numéro un – pourrais-je m'en aller, m'enfuir, me cacher plus loin, toujours plus loin – obsession numéro deux –, et disparaître dans des tropiques où je saurais peindre des tableaux où chaque visage, chaque paysage, chaque objet porteraient en eux les immémoriales questions : comment ? Pourquoi ?

Mais, pour l'instant, je suis tellement fauché qu'il me faut prolonger le séjour breton, retourner au Pouldu avec l'ami de Haan qui accepte d'y régler ma pension en échange de leçons, et ce sera l'hôtel-débit de la Plage où nous nous installerons le 2 octobre 1889, et ce seront la bonne cuisine, les bonnes manières de notre hôtesse, Marie Poupée, gaillarde de trente ans devenant vite la maîtresse de De Haan qui partage sa chambre, tandis que je fais – de nuit en nuit – la navette de ma mansarde à celle de la servante qui devient douce et chaude pour moi, alors qu'au-dessus de notre couple enlacé souffle le grand vent d'automne, le grand vent des grandes marées. Cela va plutôt bien – je m'attendais à pire –, mangeant bien, baisant bien, peignant bien, et nous sommes pris de frénésie, couvrant, du plancher au plafond, la salle à manger de Marie Poupée de peintures pour rire et pour pleurer – mi-canular, mi-art. Chaque matin je crie à Sérusier – qui est revenu – et à de Haan : amis, allons faire un Cézanne ! Et nous arpentons landes et grèves, avec nos carnets de croquis, nos chevalets, et l'auberge de Marie Poupée se métamorphose en un atelier atlantique – Vincent aurait aimé – que Moret, Jourdan, Chamaillard, Laval rejoignent parfois. Ils me suivent dans les ajoncs et les rochers, ils se rallient à ma longue houppelande verdâtre flottant dans le vent, et, souvent, on s'assied près d'un calvaire ou d'un pardon : alors, quittant mes sabots – mes beaux sabots sculptés le soir devant l'âtre de Marie Poupée, sabots sauvages aux volutes vermillon et bleues – je me réchauffe les pieds à un petit feu de bruyère, et je parle. Les amis sourient, approuvent lorsque je dis lentement : le laid peut être beau, le joli jamais... lorsque je dis : le public veut comprendre en un seul jour, une minute, ce que l'artiste a mis des années à apprendre...

Je crois bien qu'en cette saison ma peinture monte encore d'un cran, que mes tableaux n'ont jamais été aussi beaux – couleurs de plus en plus intenses, dessins de plus en plus dépouillés –, et pourtant de Paris, où j'envoie mes travaux, me reviennent de mauvais échos. Même auprès des peintres amis, des critiques amis, je ne trouve ni encouragement, ni réconfort, Edgar Degas, Théo Van Gogh eux-mêmes faisant la moue devant mes crucifiés et mes pardons ! À quoi bon continuer ? Il vaudrait mieux s'allonger contre un rocher à marée basse et se laisser emporter à jamais par le flot remontant. Derrière moi quarante-deux années d'échecs, devant moi un gouffre béant sans affection, sans argent, sans renommée, et je ne peins plus, errant sans fin par la brise du Nord sur les rives du Pouldu. Foutu, je suis foutu, vaincu, je suis vaincu, et pourtant, si l'on regardait attentivement mes derniers tableaux, on devrait y voir au moins des tonnes de souffrance résignée : n'est-ce donc rien un cri humain ? Il faut croire que ce n'est pas grand-chose, et il ne me reste plus que la fuite, la fuite au Tonkin ou ailleurs, qu'importe le pays pourvu qu'y brille le soleil tropical et que je puisse y oublier, un temps, l'Occident ! Ainsi je me referai une santé de jeune homme, un caractère d'acier et je forgerai des tableaux si grands, si beaux, qu'à mon retour Paris sera à mes pieds ! En fait, au lieu de rêver, je ferais mieux de me casser la tête, de ne plus attendre un miracle. Et ce sera Schuff, encore une fois, parce qu'il me sait à bout, parce qu'il devine qu'au Pouldu je marche au suicide, qui m'enverra, en janvier 1890, de l'argent pour remonter sur Paris où j'essaierai de trouver les moyens de partir au diable, au plus loin du plus loin.

Et cela continue, et cela recommence, toujours ces petits mouvements, de la Bretagne à Paris, de Paris à la Bretagne, que je trouvais alors dérisoires, insupportables, tandis qu'à présent quelques mètres sur deux jambes me semblent – du fond de mon trou clos – le bonheur absolu ! Ah, seulement me lever, marcher deux pas, m'arc-bouter bien droit, l'air et le vent sur le visage, et pisser gravement d'un jet puissant, souverain : que peut-on rêver de mieux ? Et combien légères me paraissent à présent mes affres de vivant presque bien portant qui traîne sa peine – un luxe encore ! – sur les trottoirs de Paris ! Et combien superbe – alors qu'ici je compte mes os jaunis bouffés par la vermine – me paraît ma tenue d'artiste nécessiteux : macfarlane verdâtre mité, béret bleu délavé enfoncé jusqu'aux yeux, veston maculé de peinture, gilet brodé breton, sabots de bois sculpté sur lesquels tombent les jambes trop larges d'un trop vaste pantalon acheté douze francs cinquante à l'Incomparable ! Une tenue de roi à présent que je n'ai même plus la peau sur les os et que je regrette tant bonne vue, bonne ouïe, ne serait-ce que pour voir, pour entendre les passants ricaner sur mon passage quand je traverse chantiers et terrains vagues, en me rendant chez Schuff qui habite maintenant tout près de Vanves où il professe le dessin au lycée, qui s'est installé – le bon Schuff – à Plaisance près des fortifs, dans une petite maison à deux étages, où il me laisse l'usage de son atelier, où il me donne même une chambre. Mais peut-être ne suis-je pas assez attentif et prévenant à son égard ? Peut-être suis-je trop désinvolte – méprisant même, diront certains – à son égard ? Pourtant ce n'est pas parce que Schuff m'irrite – il vient de vendre soixante-quinze mille francs son affaire de doublé or, et il préfère construire un immeuble de rapport rue Paturle plutôt que de s'embarquer avec moi pour les tropiques ! –, ce n'est pas parce que sa peinture m'attriste et qu'il dégoise des fadaises sur l'art à longueur de journée que je n'ai point d'affection pour lui. Je ne suis ni salaud ni faux frère, je suis seulement obsédé par ma peinture au point parfois d'oublier urbanité et délicatesse, je suis seulement cerné par le malheur et les échecs au point de ne plus pouvoir être enjoué, charmant. Mes tableaux, mes sculptures – le meilleur de moi-même – peuvent seuls prendre ma défense et faire comprendre que l'on ne peut pas s'arracher l'âme et le cœur comme je le fais depuis tant d'années en demeurant, de surcroît, empreint de douceur et d'amabilité.

Encore deux mots d'attendrissement posthume et je vais me canoniser – pas moins –, saint et martyr pleurant sur ses vieux os ! Je dois en fait, tout simplement, me contenter du cours quotidien, du cours de ma dérive : ni enfer ni paradis, seulement un chemin humain qui me voit, en cet hiver 1890, corriger les dessins des élèves de l'académie Vitti, qui me voit admiratif devant les dix dernières toiles de Vincent exposées au salon des Indépendants, qui me voit rencontrant l'inventeur Charlopin prêt à m'acheter pour cinq mille francs de tableaux, dès que le brevet de sa dernière découverte sera négocié. Alléluia ! Cinq mille francs ! De quoi partir pour le bout du monde et pour longtemps ! Je n'en dors plus, j'en rêve, j'en deviens maboul ! Et, au lieu de tourner en rond à Paris, d'attendre d'avoir en main ces mirifiques cinq mille francs, mieux vaut à nouveau filer vers la Bretagne afin d'y reprendre des forces pour le grand voyage vers Madagascar, où, pour cinq mille francs – m'affirme la Mauricienne épouse d'Odilon Redon –, je pourrai vivre au moins trente ans sans souci. Mais l'atelier des tropiques avec qui ? Avec moi, dit Émile Bernard en rupture de famille et de fiancée, en grand état de fébrilité et d'exaltation, incapable de peindre à présent et espérant qu'ailleurs, là-bas, en ma compagnie, il pourra se calmer, s'équilibrer et créer à nouveau. Émile

Bernard qui m'écrit : si au lieu de Madagascar on filait à Tahiti ? Et je réponds : pourquoi non ? bien que Madagascar soit, à mon avis, plus riche en religion, en mysticisme, en symbolisme et que les types humains y soient plus variés. Mais, mon petit Bernard, pourquoi non ? Allez-y, renseignez-vous, demandez le prix de la traversée et, quand je reviendrai du Pouldu, nous aviserons, quand j'aurai touché les pesetas de Charlopin, nous partirons. Vous et moi seulement sans doute, car il ne faut compter ni sur Schuff, ni sur de Haan, ni sur Laval. Quant à l'ami Vincent qui, le premier, parla d'atelier des tropiques, il est trop tard pour lui : fou il était, mort suicidé le voilà le 27 juillet. Pauvre Vincent qui souffrait trop ici-bas, qui, au fond de son trou, là-bas en France, creuse peut-être des griffes et des dents – vieux rat roux – depuis des ans et des ans, qui, peut-être, un jour, va débarquer ici dans mon cimetière des Marquises – achevé son long tunnel – pour jouer avec moi à l'atelier des tropiques *post mortem*.

Pour l'instant, je suis toujours au Pouldu où je végète, attendant toujours l'argent de Charlopin, rêvant nuit et jour de Tahiti, ne me séparant pas du petit livre bleu édité par le ministère des Colonies, où des fonctionnaires eux-mêmes y décrivent l'Océanie comme un paradis. Bernard a raison, Madagascar est encore trop près du monde civilisé, et c'est à Tahiti que je veux finir ma vie, entouré – un rêve – de tous mes enfants. Mais, en attendant, je dois me contenter du gris crachin d'automne et de la mer en tempête qui brise sur les grèves bretonnes. Il faudra que passent septembre et octobre pour que deux télégrammes de Théo viennent me redonner goût à la vie, le premier câble disant : départ assuré pour les tropiques, argent suit... le second ordonnant : envoyez toute votre production, ai vente certaine... Trop beau, c'est trop beau ! Plaisanterie, canular ou réalité vraie ? J'oscille du doute à la foi, mais la foi coule vite au fond des eaux glauques de l'Océan secoué par le mauvais temps, bien mauvais temps pour moi, pour Théo Van Gogh, surtout, appelant son frère mort à grands cris, m'envoyant des télégrammes de bonheur comme Vincent eût aimé le faire, sombrant lui aussi dans la violence et la folie pour être enfin interné, le 12 octobre, dans la maison de santé du docteur Blanche. Pauvre Vincent, pauvre Théo ! Mais il ne faut pas pleurer sur eux – pour eux le combat est terminé –, il faut se taire, laisser faire les ans, ne pas donner aux imbéciles – voyant déjà dans nos peintures des travaux d'échappés de Charenton – des armes nouvelles, et le petit Bernard a tort de vouloir exposer dès maintenant les œuvres de Vincent. Quant à moi, ce qui me fait le plus de tort et me rend fou, c'est d'être toujours coincé au Pouldu, avec trois cents francs de dettes envers Marie Poupée ! Je devrai attendre novembre 1890 pour pouvoir quitter la Bretagne – grâce à Émile Bernard, cette fois, qui a su brader cinq de mes toiles –, pour pouvoir affronter la capitale avec mes dernières forces, celles de la rage et du désespoir, et tenter de gagner à l'arraché de quoi naviguer jusqu'à Tahiti.

À Paris, grand revirement de bord, un bon vent s'est mis à souffler le long des rives de la Seine, voilà qui est nouveau ! Certains me trouvent même talentueux, original, intelligent et beau ! On me trouve surtout symboliste en plein, et Albert Aurier – critique d'art au *Mercure de France* – me couvre de caresses, me dit : vous serez, vous êtes le peintre numéro un du mouvement... Pourquoi non ? Synthétiste, idéiste, symboliste, je veux bien être tout ce que l'on veut. De toute façon cela ne changera rien à mon travail, et cela ne peut que me faire du bien d'assister aux mardis de Mallarmé, en compagnie de qualité. Mallarmé qui lève le doigt doucement et murmure : messieurs, il faut suggérer au lieu de dire... Et tous d'approuver, Adam, Barrès, Maeterlinck, Louÿs, Valéry, Verhaeren, Whistler et même Verlaine qui pourtant, en douce, sourit, me chuchote : Ils m'embêtent, ces cymbalistes... Moi aussi ! Mais c'est un bon train à prendre en marche, et je le prends au vol : va pour le symbolisme ! Et au café Voltaire, place de l'Odéon, je retrouve encore – tous les lundis – Verlaine qui somnole dans son absinthe, je rencontre Vallette patron du *Mercure*, sa femme Rachilde – bonjour *Monsieur Vénus !* –, et Dolent, Moréas, Régnier et d'autres poètes, et surtout Charles Morice – cerveau du symbolisme – qui me porte aux nues, qui devient bon ami. Me voilà avec mes gros sabots, mon humeur d'ours mal léché, au milieu de tous ces beaux esprits, et je suis un peu irrité par ces théoriciens à la langue dorée, un peu fâché de voir l'artiste mis en liberté surveillée par trop de principes, par trop de règles d'or, et seul Verlaine sourit lorsque je fais rimer sintaise avec foutaise ! Enfin je ne m'ennuie pas, j'avance à grands pas, je sens que l'on me respecte, que l'on craint même ma violence, ma puissance et que je suis pour eux – comme le disait Vincent – l'homme qui vient de loin et qui ira loin. Tant mieux ! Et avec Morice – l'argent de Charlopin n'arrivant pas : il n'arrivera jamais – nous décidons d'organiser une exposition de mes œuvres avec vente aux enchères. Tout se met en branle, tout semble me réussir, enfin pas vraiment tout puisque je perdrai l'amitié de Bernard jaloux de mon succès, puisque je perdrai la fraternité d'Émile

Shuffenecker ulcéré de ne pas me voir l'associer à mon succès.

Je crois bien que je partirai seul pour Tahiti ! Cela ne m'étonne qu'à moitié. À Paris ne règnent que velléités, on y rêve de départ, mais l'on ne part pas, on dit : Fuir là-bas fuir... mais l'on ne fuit pas, on parle de steamers, d'exotique nature, mais l'on se cramponne au Jardin des Plantes, à Montparnasse et aux soirées chez Mallarmé. Seul je partirai, seul j'irai jusqu'au bout, et ce n'est pas un succès parisien de dernière heure qui me retiendra ! Eux, les symbolos, se contentent des idées, moi je vivrai mes idées et les leurs, criant ce que les autres murmurent et allant mon chemin ! Ce n'est pas une nouvelle carte de visite – Gauguin, symboliste en chef –, ce ne sont pas mes nouveaux et bons amis – Charles Morice et Henri-Georges de Monfreid –, ce n'est pas ma jeune maîtresse, Juliette Huet, cousette douce et simplette – première femme dans ma vie depuis Mette –, ce n'est pas la possibilité de vaincre enfin à Paris et d'y vivre peut-être de mon art qui m'empêcheront de fuir ! Ailleurs se trouve mon destin, je le sens, je le sais. Le 23 janvier 1891, à l'hôtel Drouot, salle numéro sept, démarre la vente aux enchères de trente et un de mes tableaux, vente annoncée à grands coups d'encensoir, dans *le Figaro* et dans *l'Écho de Paris*, par le très célèbre et redouté Octave Mirbeau. Il écrit : Gauguin... artiste exceptionnel... le rêve ne se reposant jamais dans cet ardent cerveau... Merci ! Et, ce 23 janvier, à l'hôtel Drouot, il y a du monde – du beau monde – qui fait grimper les prix, ma *Vision après le sermon* s'envole jusqu'à neuf cents francs – enfin ! –, l'ami Monfreid achetant une toile d'Arles, le cher Degas enlevant la *Belle Angèle* avec quatre cent cinquante francs. Les prix décollent, on se dispute mes travaux – enfin ! –, j'en ai les larmes aux yeux et j'empoche plus de neuf mille francs. Pactole et renommée après huit années de peinture à l'arraché, après huit années de mortelles angoisses, de misère et de solitude ! Ma ténacité – vouloir vouloir... – semble enfin payer et, avec le papier d'Aurier dans *le Mercure de France* de mars 1891, je suis même sacré officiellement pape du symbolisme pictural !

Je peux enfin partir pour le Danemark embrasser Mette et les enfants : cela fait trop longtemps que je n'ai pas vu les miens, et mon cœur bat, mes larmes coulent lorsque, à Copenhague, le 7 mars, je retrouve une Mette aux cheveux blancs sillonnant ses mèches blondes, je retrouve un Pola de sept ans, un Jean de dix, un Clovis de douze, une Aline de quatorze – ma préférée qui veut, quand elle sera grande, m'épouser – et un Émile de seize et demi. Que de temps, que d'affections perdus ! Comme il est douloureux de voir grands ces enfants que je n'ai pas vus grandir, que je n'ai pas su élever ! Et je sens que Mette, troublée, souhaite que je reste peu, et j'habite à l'hôtel, et je roule landau à cheval dans les rues de Copenhague en compagnie d'Aline et d'Émile qui parlent encore quelques mots de français, et je dis à Mette : je t'ai aimée seule et je t'aime encore sans retour de ta part... Mais tout cela ne sert à rien, si ce n'est qu'à se briser le cœur, à perdre tout courage, en rêvant d'une vie douillette et bourgeoise, pater familias aimé, estimé, entouré de Mette et des enfants ! J'en ai encore la larme à l'œil, cela suffit, il faut fermer le cœur sensible, il faut se tirer – et vite –, il faut filer vers Paris et se lancer à fond dans les préparatifs de départ, tout en espérant qu'un jour – d'ici trois ans ? – j'aurai gagné la bataille picturale et que je pourrai faire revivre ma famille à mes côtés. Je veux y croire et j'y crois presque lorsque, arpentant à nouveau, à la mi-mars, le pavé parisien, je cours de ministère en ministère – les Beaux-Arts m'accorderont une mission officielle –, je fais le siège des Messageries Maritimes – j'obtiendrai une réduction sur le prix du billet. Tout va bien. Il n'y a plus qu'à passer à table pour le grand banquet d'adieu donné en mon honneur, le 23 mars au café Voltaire. J'embrasse Mallarmé, Monfreid, Aurier, Morice, Dolent, Sérusier, Redon, Leclercq, Moréas, Renan,

Vallette, Rachilde, Fauché, Carrière, Ballin, Fort et Saint-Pol Roux. Je serre la main aux quarante aficionados qui me fêtent, et l'on mange, l'on boit, l'on porte des toasts, Mallarmé s'écriant : buvons au retour de Paul Gauguin, mais non sans admirer cette conscience superbe qui, à l'éclat de son talent, l'exile, pour se retremper, vers des lointains et vers soi-même... Et tout le monde d'applaudir, et moi de dire – maladroit : Je vous aime bien tous et je suis ému...

Voilà, c'est fini, à présent il faut partir. J'envoie une dernière lettre à Copenhague : Adieu chère Mette, chers enfants, aimez-moi bien et quand je reviendrai nous nous remarierons... Voilà, c'est fini, à présent il faut s'en aller. Je marche dans Paris, avec l'ami Morice à mes côtés, Charles Morice qui m'a tant aidé, qui me répète, encore et encore, combien tout va bien pour moi – succès, argent, estime –, mais moi je craque, je fonds en larmes sur le trottoir, devant les passants – à quarante-trois ans ! Pâle, tremblotant sur une banquette au fond d'un café où nous nous sommes repliés, je murmure à Morice sidéré : je n'ai jamais été aussi malheureux, je n'ai pas su faire vivre ma famille et ma pensée, et aujourd'hui qu'il m'est permis d'espérer, je sens, plus affreusement que je ne l'ai jamais sentie, l'horreur du sacrifice que j'ai fait et qui est irréparable... Voilà, c'est fini, à présent il faut disparaître dans des lointains inconnus, il faut – le premier avril 1891 – monter à bord de l'*Océanien,* et je suis furieux, alors que Marseille s'éloigne, d'être malheureux, je suis furieux que ce départ, appelé depuis si longtemps de tous mes vœux, me brise ainsi le cœur.

Comment aurais-je pu savoir, le 11 avril 1891, alors que le grand paquebot mouillait en rade d'Aden – après une traversée rapide de la Méditerranée, après une escale rapide à Suez, après une non moins rapide traversée de la mer Rouge –, qu'à quelques dizaines de kilomètres de là Arthur Rimbaud vivait son ultime martyre, attaché à une civière que portaient seize hommes du désert, le genou gauche gonflé comme une pastèque, rongé déjà par le cancer qui le verrait bientôt – amputé – s'éteindre à Marseille ? Pauvre tronçon immobile de trente-sept ans, agonisant sans même savoir qu'il avait replongé la littérature dans la vie, paria sans espoir de salut, Indien, Sauvage, Nègre – lui aussi – en cette France aux anciens parapets, aux murailles infranchissables qu'il avait fuie ! Rimbaud exilé volontaire au fond de l'Abyssinie, tout comme Vincent fut prisonnier volontaire d'un asile de fous, et que moi je disparus volontairement du monde pour me perdre au cœur du Pacifique... Rimbaud criant, comme j'aurais aimé le faire : ma journée est faite, je quitte l'Europe...

l'air marin brûlera mes poumons, les climats perdus me tanneront... et je reviendrai avec des membres de fer, la peau sombre, l'œil furieux : sous mon masque, on me jugera d'une race forte... Mais, en ce mois d'avril 1891, je ne sais pas Rimbaud sur ces rives brûlées, je ne connais pas ces mots enfiévrés de passion. Je me contente d'attendre Tahiti, rêvant vaguement à ce paradis supposé, alors que l'*Océanien* s'apprête à voguer à travers l'océan Indien – escale aux Seychelles, le 16 mai –, en route vers l'Australie. Soleil à chaque réveil, voie Lactée chaque nuit, les marsouins sortant quelquefois des lames pour nous saluer, et je mange, je bois, je somnole, indifférent à mes voisins de table, solitaire sur le pont, étranger déjà à tous ces fonctionnaires, à leurs pâles épouses toujours au bord du malaise, à leurs enfants toujours criant qui peuplent le paquebot – en fait de braves gens parfaitement médiocres. Oui, je suis étrangement seul au milieu de ces petits Blancs, cravatés, costumés – chargés de représenter la République à la colonie –, qui jettent un œil torve à mes cheveux longs, à mon Buffalo à larges bords, à mon rouge foulard et à ma tenue de velours marron. Mon élégance n'est pas la leur, ma manière d'être n'est pas la leur.

Mais voilà de nouvelles escales, Albany, Adélaïde, Melbourne, Sydney, avec immeubles, tramways, pubs, gentlemen et ladies tout comme à Londres. Est-ce bien raisonnable d'avoir fait quatre mille lieues pour voir cela ? Mais la traversée reprend, longue convalescence ensoleillée, vie entre parenthèses où le temps semble suspendu entre ciel et mer, état larvaire sans même le courage de faire le point, de faire bilan et projets, rien ! Seulement manger, boire, somnoler et se redresser parfois en bâillant de ma chaise longue pour contempler les vols de poissons volants, pour regarder, comme au zoo, les allées et venues des fonctionnaires, de leurs femelles et de leurs petits. Quel ennui ! Mais le 12 mai, l'*Océanien* jette l'ancre devant Nouméa, terminus tout le monde descend : la ligne des Messageries Maritimes ne va pas plus loin, et je redoute d'être coincé dans cette colonie pénitentiaire où les forçats libérés tiennent le haut du pavé, où la vie semble plutôt gaie, insouciante et parfaitement provinciale. Et que me réserve Tahiti ? Si elle n'était pas ce que l'on dit à Paris ? On verra bien. Je le verrai même plus tôt que prévu puisque, au bout de huit jours de Nouvelle-Calédonie, je parviens, grâce à ma mission officielle, à embarquer sur la *Vire* – aviso-transport de la marine de guerre – qui, pour soixante petits francs, me mène à Tahiti en deux semaines, en la compagnie d'officiers de mer et d'officiers de terre – parmi eux le capitaine Swaton avec qui je me lie d'amitié. Enfin, après soixante-trois jours de route depuis Marseille, le 8 juin au soir, nous apercevons des feux bizarres se promenant en zigzag, tandis que sur un ciel sombre, à bâbord comme à tribord, se découpent de grands cônes noirs à dentelures : à gauche les montagnes de Moorea, à droite, les montagnes de Tahiti, les lumières qui dansent sur l'océan n'étant que des torches de bambou agitées par des pêcheurs de poissons volants. Telles furent les premières images, sans signification particulière, de mon paradis enfin à portée de main.

Au matin du 9 juin 1891, la *Vire* franchit la passe de Papeete, grande déchirure à travers le récif de corail, ouverture sur le calme lagon où sont mouillées quelques goélettes blanches, où vont et viennent de petites pirogues de couleurs vives. Rien d'autre à signaler, si ce n'est les hautes montagnes vert uniforme qui dominent la mer et où s'accrochent des nuages blancs et ronds, si ce n'est la longue procession des flamboyants qui cachent de leurs feuilles vert tendre, de leurs fleurs vermillon, la petite ville de Papeete dont je n'aperçois que les toits rouges. Des toits de tôles ? Mais où sont donc les beaux *fare* en bambou couverts de palmes tressées ? Dans le canot qui me mène à terre, on me parle d'un incendie qui, en

1884, détruisit les maisons végétales qu'aimait tant Loti, interdites depuis, ayant laissé place à des habitations en bois et en tôles importés où l'on crève de chaud. Je marche sur le front de mer, déjà déçu par cet urbanisme débile, déçu à nouveau au spectacle des Tahitiens qui se distraient au spectacle de notre débarquement. Femmes dont on ne peut savoir si elles sont belles ou laides tant elles sont enveloppées, de la tête aux pieds, par de grandes robes vagues : les robes mission, merci Seigneur ! Hommes banalement vêtus de paréos et de longues chemises blanches aux pans flottant, ridiculement coiffés de canotiers. Seuls les pieds sont libres, seules les brillantes chevelures noires des vahinés sont libres, seuls les rires fusant à tout propos semblent encore libres ! Mais qu'a-t-on fait des Maoris d'antan, farouches, altiers, impressionnants ? Je ne vois là que foule bonnasse, nonchalante, plutôt vulgaire, qui ricane à mon passage, se moquant visiblement de mes longs cheveux, me prenant visiblement pour un inverti, un *mahu* disent-ils ici.

Comme je ne sais pas où aller, j'emboîte le pas au capitaine Swaton – nouveau commandant du détachement d'infanterie coloniale stationné à Tahiti – et au lieutenant Jenot venu l'accueillir. Chez le lieutenant – amical, souriant – je fais grande toilette, puis, à dix heures, je me présente à la porte du gouverneur Mondésir Lacascade, un moustachu métis guadeloupéen, qui me reçoit comme un homme d'importance, qui m'offre même – en attendant – la chambre réservée aux fonctionnaires en transit. À l'exemple du gouverneur tout le monde se montre aimable, caressant, et le directeur de l'intérieur me dit : Venez donc dîner à la maison... et me demandant plusieurs chefs de service : Accepterez-vous de peindre des portraits ? Ma mission officielle fait merveille, d'autant mieux que l'on me soupçonne plus espion envoyé par le gouvernement – pour voir comment fonctionne la colonie – qu'artiste peintre en voyage d'études ! Me voici même – insigne honneur – accepté au cercle militaire, accueilli dans les branches du banyan centenaire où la belle société, juchée sur un plancher suspendu, sirote absinthes et jus de fruits en regardant la foule plébéienne jouer, danser, chanter à ses pieds, devant le palais du roi. À votre santé ! Mes respects, Monsieur le Gouverneur ! Mes hommages, Madame ! Je fais le joli cœur, je jubile aux marques de respect qui me sont données – c'est bien la première fois ! –, et j'écris à Mette que tout va bien, que d'ici peu de temps j'aurai même quelques portraits bien payés. Vive la mission officielle qui m'ouvre toutes les portes, même celles de la famille royale qui demain me donne audience ! Mais il n'y aura pas d'audience. Pendant la nuit Pomaré V passera l'arme à gauche, et nul ne criera : le Roi est mort, Vive le Roi ! Car Pomaré V – roi éponge, roi alcoolique – a donné son royaume à la France, et personne ne succédera à ce souverain fantoche. Bien que la société polynésienne traditionnelle n'ait pas attendu mon siècle pour péricliter – assassinée qu'elle fut en quelques années par les premiers découvreurs, les premiers pasteurs –, je veux voir dans la disparition de ce débonnaire poivrot, le coup de grâce porté aux grandeurs anciennes : avec Pomaré V meurt la tradition maorie, Tahiti offerte sur un plateau à la civilisation soldatesque, négociante et fonctionnariste !

La dépouille royale, déguisée en grand amiral, est exposée aux yeux de tous dans le palais – coloniale et plutôt élégante demeure en bois –, et là j'entends, pour la première fois, des cantiques de mort chantés par les Tahitiens venus du fond de l'île, pleurant le roi disparu en de longues mélodies rauques, leurs visages brun mat, aux bouches épaisses, aux yeux mi-clos, semblant alors transportés par le son puissant des voix mêlées en une extase où nul étranger ne peut prétendre entrer : dans cette musique sauvage, où les mots maoris tout en voyelles sont poussés du fond, du tréfonds des ventres, des poumons, des gorges, se trouve peut-être – même si les paroles louent le Dieu chrétien –

le dernier refuge de cette race dépossédée par l'Occident ? Ce n'est pas, en tout cas, lors des funérailles du roi que je pourrai trouver les traces d'un grandiose passé ! Ce n'est pas en suivant, dès six heures du matin, le 16 juin, un char couvert de fleurs, traîné par des mules habillées de filets noirs et où repose Pomaré, ce n'est pas en me mêlant à la foule européenne – habits noirs, casques coloniaux –, à la foule tahitienne – habits blancs, canotiers – et en marchant pendant cinq kilomètres dans la poussière, sous un soleil assassin, jusqu'au royal mausolée – immonde amas de coraux cimentés –, que je retrouverai le Tahiti de la légende. Ce n'est pas en prenant des croquis des visages voisins, pendant l'interminable discours du gouverneur – florilège de poncifs –, pendant ceux du pasteur et du chef Tati – incompréhensibles litanies tahitiennes –, que je découvrirai les mystères maoris. Ce n'est pas en regardant l'envol des fonctionnaires, suant, soufflant, trébuchant vers les carrioles qui les porteront jusqu'à la fraîcheur de leurs jardins, ce n'est pas en me joignant à la débandade des Tahitiens, criant, chantant, courant sur le chemin – oublié feu Pomaré –, ce n'est pas toute cette mascarade colorée qui me donnera l'impression d'avoir trouvé ce que j'étais venu chercher si loin ! Et les vahinés aux fesses dodelinantes, aux larges pieds nus, foulent lourdement la poussière jusqu'à la rivière Fataua où, jupes relevées jusqu'à la taille, elles se rafraîchissent et jouent, reprenant bientôt, encore humides, le chemin de Papeete – deux coquillages pointus pointant la mousseline de leur robe –, animaux bien portants répandant autour d'elles un mélange d'odeur animale, de parfum de santal et de fleurs.

Mais la forte sensualité des filles ne suffit pas, et je suis déçu ! Je suis déçu par cet exotisme de bazar, par cette ambiance de sous-préfecture coloniale, et je m'organise lentement, sans conviction. D'abord, louer une maison, la meubler – c'est fait –, et malgré un toit de tôles qui, à la mi-journée, la transforme en fournaise, je suis plutôt bien installé, appréciant fort la terrasse ouverte sur un beau jardin – juste derrière la cathédrale –, où je vais cueillir bananes et citrons. Ensuite, comme je compte renflouer ma caisse en faisant des portraits, mettre tous les atouts de mon côté, et je me déguise avec un costume blanc parfaitement convenable, j'élague ma chevelure. Me voilà bien ! Si les amis de Paris me voyaient, ils s'étrangleraient de rire : quoi ! l'Indien, le Sauvage, l'irréductible Gauguin transformé en marionnette coloniale ! Mais il faut ce qu'il faut, et je veux être accepté par cette micro-société aux rouages complexes et grinçants, fonctionnaires et colons se détestant cordialement, tournant dans Papeete en un ordre hiérarchique implacable, tourmentés par deux problèmes vitaux : les pommes de terre et les vahinés. Pommes de terre toujours en rupture de stock, vahinés toujours en surplus, pommes de terre pour lesquelles on se bat à l'arrivée des longs-courriers, vahinés pour lesquelles les fonctionnaires délaissent trop souvent leurs compagnes. Quelle affaire ! Et les Tahitiens, bien pourvus en femelles et mangeant des patates douces, regardent – narquois – cette course aux tubercules, ce naufrage des couples métropolitains au contact des vahinés. Et les Chinois ne disent rien, n'ont rien à dire – ils ne sont encore que trois cents contre deux mille Tahitiens et sept cents Européens –, se contentent d'accumuler sous après sous par un habile petit négoce. Mais ces dérisoires rivalités ne seraient rien s'il n'y avait pas encore une autre misère, d'ordre religieux celle-là, avec la guérilla sans merci que se livrent depuis des décennies les protestants – en majorité des Tahitiens – et les catholiques – en majorité des Français. Quelle galère ! Quelle pitié ! Papeete est encore pire qu'une petite ville française : à la bêtise générale s'ajoute ici le snobisme colonial !

Non, vraiment, ce n'est pas ce que je suis venu chercher si loin, et devant une telle situation mes bonnes résolutions en prennent un coup, glissent vite du haut du respectable cercle militaire, juché dans le banyan, vers les Tahitiens, les Tahitiennes, les matelots, les aventuriers et autres bourlingueurs avec qui je fais la fête. J'abandonne ma tenue empesée et mes manières élaborées, pour aller danser, au son d'un orchestre amateur qui assassine gaiement polkas, gavottes et valses, avec des vahinés rieuses qui invitent sans manières leurs cavaliers. Lorsque le bal public éteint ses lampions, j'emmène mes amies parées de fleurs sur la place du marché où, dès la nuit tombée, fruits, gâteaux, boissons sont vendus en plein air par les Chinois, où, au fond de bouis-bouis, on boit du rhum, de la bière, tandis que sur le trottoir en bois tourne une noria de vahinés en bringue toujours prêtes à s'offrir. Mais, comme d'habitude, j'en fais trop, renouant avec trop de plaisir avec mes très anciennes habitudes de marin, rattrapant avec frénésie trop d'années de misère sexuelle, dépensant trop d'argent, me retrouvant au bout d'un mois au bord de la dèche et au ban de la bonne société. On ne me pardonne pas de préférer les noceurs et les bringueuses aux fonctionnaires coincés : Gauguin peintre mondain de la colonie, ce n'est pas pour demain ! Tant pis, tant mieux, se retrouver honni des bien-pensants est plutôt rassurant ! Mais ce qui l'est beaucoup moins – pour mon avenir financier – c'est de voir que, même lorsque je décroche une commande, cela recommence comme avec le curé de Nizon, comme avec la Belle Angèle, et il me faudra fuir sous les imprécations de Tutana Bambridge – grosse dame métis ayant osé me demander son portrait – qui va cacher au plus vite l'infamante image au fond de son jardin !

Après trois mois de Papeete, je suis déclaré à jamais infâme forniqueur et peintre sans nul talent ! Juste retour des choses : je n'avais pas à me rogner les ailes, à couper mes cheveux pour jouer à ce que je n'étais pas. Mais je suis surtout horriblement malade, crachant du sang à pleins bols : depuis Panama la machine est usée et j'ai trop fait le jeune homme depuis mon arrivée. Le cœur a flanché. Pourtant, je ne reste que quelques jours à l'hôpital où, bourré de digitaline, j'endure ventouses et sinapismes, acceptant, par mesure d'économie, l'hospitalité de Gaston Pia – fraternel instituteur rencontré aux fêtes du 14 juillet – qui m'installe dans sa maison de Paea, à vingt kilomètres de Papeete. Là, en ce mois d'août 1891, je me refais une santé en peignant, cherchant à rattraper le temps perdu et à récupérer, par une vie calme, les méfaits de mes frasques citadines. Quand tombe la nuit, je vais fumer une cigarette au bord du lagon, tout en regardant le soleil éclater derrière Moorea dont les arêtes montagneuses déchirent le ciel en sanglantes traînées. Alors je n'entends plus que les battements pesants de mon cœur déglingué qui se fondent aux battements lointains et sourds des vagues sur le récif, et je ferme les yeux. Ici, le trouble de la vie européenne n'existe plus, demain sera toujours la même chose, ainsi de suite jusqu'à la fin, et dès que j'irai mieux je m'éloignerai encore plus de Papeete pour tenter de comprendre cette île et ses habitants, pour tenter de renouveler thèmes et motifs de mes tableaux au contact d'une humanité polynésienne encore préservée – peut-être – des méfaits et des bienfaits de l'Occident.

Une carriole, mes bagages, mes chevalets, des provisions, ma guitare et mes deux mandolines, hue dia, en route pour Mataiea, Mataiea, le plus beau district de Tahiti, à quarante kilomètres de la ville ! Et je souris en regardant, sur la banquette à mes côtés, mon excitante et niaise vahiné du moment, nullement sauvage, mi-anglaise, mi-tahitienne, gentiment surnommée Titi – miss Beaux nichons, dirait-on à Ménilmontant – par tous les amateurs de chair fraîche de Papeete. Et je souris encore en claquant des rênes sur le dos de la haridelle qui nous traîne sur le chemin herbeux longeant le lagon bleu irisé de mauve, au milieu de folles verdures tropicales et de fleurs multicolores – un vrai chromo réjouissant. Et je souris toujours en embrassant le cou, le décolleté de Titi gloussante, ravie, les dentelles de sa belle robe de bal étalées autour d'elle, ravissante sous son chapeau de canne à sucre, couronnée de coquillages orangés, fière vraiment d'être en voiture en la compagnie d'un bon Blanc qu'elle croit riche et important ! À midi, Mataiea est là, Tetuanui, le chef du district, rencontré lui aussi à Papeete lors des fêtes du 14 juillet, est là, et l'endroit est si beau, si calme, que c'est bien là, au pied de la montagne, tout près d'une rivière et du lagon où deux îlots sont amarrés le long du récif, que je veux poser mon sac, que je veux gréer mon chevalet pour peindre à m'en faire éclater les yeux et la cervelle ! Ici tout est peinture, couleurs et formes dansantes, décor quotidien semblable à un immense tableau où je peux me plonger à chaque instant du jour, où je prends, selon mes besoins, de quoi nourrir mes toiles. Pourtant, dans un premier temps, je suis tellement déconcerté par la forte lumière et les tons tranchants, que j'hésite à faire couler sur ma toile tout cet or tahitien, toute cette réjouissance de soleil. Sans doute me retiennent de vieilles habitudes d'Europe, me bloque une timidité d'expression propre à nos races abâtardies ? Mais il faut se lancer, et je me lance. Devant mon *fare* en bambou une pirogue, dans cette pirogue une femme aux seins nus y entassant un filet, tandis qu'au premier plan un homme presque nu – mon bon voisin Anani – lève de ses deux bras une pesante hache, laissant en haut son empreinte bleutée sur le ciel argenté. Sur le sol pourpre courent de longues feuilles serpentines d'un jaune de métal, et l'horizon de la mer bleu profond semble interrompu par la voile blanche d'une embarcation et par le vert de la crête des lames sur les brisants de corail. Tel est l'*Homme à la Hache*. Est-ce le premier tableau peint à Mataiea ? Je ne sais plus, j'ai oublié, je me souviens seulement qu'alors tout m'émerveillait et que je peignais comme dans un rêve.

Et je rêve aussi, la nuit, en regardant la lune jouer entre les bambous espacés du *fare*, en écoutant les sons légers de la flûte nasale de mon voisin et la lente complainte lancée aux étoiles par sa compagne. Et je rêve encore, les yeux rivés à mon grand toit en feuilles de pandanus où chassent les geckos : au-dessus de ma tête la voûte céleste, à mes pieds l'Océan immense, aucune prison où l'on étouffe. Oui, ce serait là une forme de bonheur, si la réalité ne me rattrapait pas, ne me coinçait pas comme un rat : j'ai faim ! La nourriture se trouve bien dans la montagne, dans la mer, mais je ne suis pas encore très solide sur mes jambes, je ne me sens pas d'attaque pour grimper dans les arbres et pour plonger dans le lagon. J'enrage, alors que je suis de plus en plus pauvre et que la nature tahitienne est si riche, de devoir acheter, très cher, chez le Chinois de Mataiea, des boîtes de sardines et des boîtes de haricots ! Encore une fois me voilà homme civilisé bien au-dessous du sauvage ; acceptant – reconnaissant – nourritures fraîches et succulentes que m'offre, posées sur une feuille de bananier, mon voisin. Parfois, alors que je mange, assis sur le seuil de mon *fare* – torse nu, pieds nus, vêtu d'un paréo à rouges ramages –, j'entrevois une tête brune qui m'observe à travers les feuillages : mes yeux rencontrent ceux du petit garçon d'Anani, et il s'enfuit. Pour lui aussi je suis un sauvage, et comme il a raison ! Mais, bientôt, les enfants et les adultes eux-mêmes s'enhardiront – surtout après le départ de Titi que j'ai renvoyée pour cause de bêtise et de civilisation mal assimilée –, s'installeront même devant chez moi pour bavarder, tout en sourires et petits signes d'amitié à mon égard, oseront même parfois visiter mon *fare*, s'étonnant devant les photographies de Mette et des enfants, devant les reproductions que j'ai commencé à épingler aux murs, et ma voisine gravement m'interroge, en pointant son doigt sur la nudité de l'*Olympia* de Manet : est-ce là ta femme ? Bien sûr... Et ne voudrait-elle pas, elle, poser pour moi ? Il faut croire que non, tant son visage se ferme, tant sa fuite est rapide ! Mais, une heure plus tard, elle revient, dans sa robe du dimanche cette fois, parfumée et parée, prête à se livrer, hautaine et soumise, superbe ! Traits à l'harmonie raphaélique, bouche semblant modelée par un sculpteur, devant parler toutes les langues du langage et du baiser, de la joie et de la souffrance, et je vois dans ce visage autant de disposition à la mélancolie qu'au plaisir, j'y vois surtout toute une peur de l'inconnu. Je travaille vite, avec passion, me doutant bien que la vahiné se lassera rapidement de la pose, et ce sera un portrait – *Vahiné no te tiare* – ressemblant à ce que mes yeux voilés par mon cœur ont aperçu, portrait ressemblant de l'intérieur – feu robuste d'une force contenue.

Il pleut. Noël 1891 est passé depuis longtemps, ma santé est meilleure, je travaille beaucoup, mais je suis seul et je reçois trop peu de nouvelles de Paris. Quelques lettres de Sérusier qui me dit faire des progrès – tant mieux –, quelques lettres de Mette – il paraît que l'on me reproche d'être parti si loin, Renoir déclarant même que l'on peint aussi bien aux Batignolles qu'à Tahiti –, quelques lettres de Monfreid – d'après lui je suis un homme fort qui sait faire plier le sort à ses goûts –, mais rien de Morice qui me doit pourtant de l'argent, rien des galeries qui ont bien dû vendre pourtant quelques tableaux laissés en dépôt. Il pleut. Lourde pluie qui sévit de novembre à avril, et je suis seul, trop seul. Il y a bien, à Mataiea, des jeunes femmes à l'œil tranquille que je devine prêtes à s'offrir, mais je n'ose pas faire le premier pas, malgré les vieux qui me poussent, qui disent : prends celle-là... Mais je n'ose pas, elles ne parlent pas le français, je baragouine à peine quelques mots de tahitien, et je crains de ne pas savoir me comporter devant tant d'inconnu ! Il pleut. Je peins à l'intérieur de mon *fare* – une seule pièce sans cloison, un appentis cuisine et la rivière comme salle de bains –, et j'installe encore sur mes murs un petit monde de camarades qui me causent chaque jour : reproductions de primitifs italiens, de Manet et de Cézanne, estampes japonaises, photographies de peintures égyptiennes, de la frise du Parthénon et des bas-reliefs du temple bouddhiste de Borobudur – de bons amis qui me permettent de ne pas être seulement livré à moi-même et à l'épaisseur maorie, qui m'aident même à donner un peu de mystère à mes tableaux. La pluie claque sur mon toit de feuilles, le vent du Nord apporte la tempête, et je me calfeutre dans mon *fare*, écrivant de longues lettres sous ma lampe à huile pour meubler les soirées : Cher Séruse, je suis bien seul dans la campagne, personne à qui causer art, ni même français... Chère Mette, tu me dis que j'ai tort de rester éloigné du centre artistique, eh bien non, j'ai raison, mon centre artistique est dans mon cerveau et pas ailleurs... Cher Monfreid, ma vie est maintenant celle d'un sauvage, le corps nu, sauf l'essentiel que les femmes n'aiment pas voir – disent-elles –, et je travaille de plus en plus... Mais il pleut de plus en plus, les eaux de la Vaitara débordent et le lagon prend la couleur de la boue. Malgré mon travail je m'ennuie et, à la première éclaircie, je fais revenir Titi : j'aurais mieux fait de m'en abstenir car si les ébats amoureux me réjouissent toujours, Titi reprend, dès la dernière caresse, son débile babillage, au point de m'empêcher de travailler et, au bout de quelques jours, je la renvoie à nouveau !

Deviendrai-je l'ermite de Mataiea, me contenterai-je de la vie des indigènes qui m'acceptent de mieux en mieux, me contenterai-je du soleil revenu, de la vie sauvage qui, à présent, n'a plus de secret pour moi ? Non, pas vraiment. Même si mon vieux stock de civilisé est bien détruit, je vis à l'heure des nouvelles qui me parviennent de France. J'espère, à chaque courrier, recevoir un mandat et être informé aussi de ce qui se passe à Paris. Mais j'apprends seulement qu'au Danemark Mette vend de mieux en mieux ma peinture, qu'elle compte même monter une exposition à Copenhague et une autre à Londres – à présent elle croit à mes tableaux : ils se vendent ! Mais je sais surtout, qu'ici, à Mataiea, je suis de plus en plus coincé par le manque d'argent, au point d'envisager de partir pour les Marquises jouer au juge de paix pour cinq cents francs par mois ! Cinq cents francs ? Un pactole. Les Marquises ? De la sauvagerie maorie garantie. Une place de juge ? La vacance est certaine. Mais, à Papeete, Lacascade me rit au nez lorsque je fais ma demande : Vous ? Juge ? Monsieur Gauguin ! Voyons... Ah bon ! Salutations distinguées et bien le bonsoir Monsieur le Gouverneur ! Elle est complètement oubliée ma mission officielle, et pour les fonctionnaires de Papeete je ne suis plus qu'un minable atteint – de surcroît – par la débauche. Il n'y a plus qu'à retourner à Mataiea où tout le monde m'aime bien, mais où, moi, je me supporte de moins en moins. J'ai beau avoir découvert – à travers les livres de Moerenhout et de Bovis – le Tahiti d'antan, j'ai beau être émerveillé par cette société pré-européenne si forte, si structurée, si riche en divinités et en mythes de toute sorte, j'ai beau avoir retrouvé le fil perdu de la tradition que se transmettaient autrefois les prêtres maoris dans le silence des nuits obscures, j'ai beau pouvoir à présent recréer sur mes toiles les dieux barbares et l'homme primordial, nu, pur d'une pureté originelle, sauvage, j'ai beau avoir retrouvé à Tahiti la trace du sacré que je porte en moi depuis l'enfance péruvienne, j'ai beau peindre de mieux en mieux, rien n'y fait, la dépression la plus banale me guette ! Que m'importe la découverte de l'Océanie légendaire si je dois vivre complètement seul dans un dénuement presque complet, devant même garder les meubles d'un Chinois failli pendant une dizaine de jours et pour un misérable salaire ! Encore une humiliation, encore un bilan négatif à faire un an après mon arrivée, au lieu d'être content, florissant, jouant du pinceau comme un ange au paradis ainsi que j'en rêvais à Paris ! En fait, il me faut envisager un rapatriement aux frais du gouvernement, alors que je n'ai peint que trente-cinq tableaux et qu'il m'en faut beaucoup plus pour une exposition parisienne, alors que je commence seulement à saisir l'âme de cette île et que j'entrevois un plus haut chemin artistique.

Les yeux à terre, tel un condamné à mort, je marche lentement vers le bureau du gouverneur pour y faire ma demande de rapatriement, rêvant malgré tout – enfant ! – à un miracle : ne pourrais-je pas trébucher sur un sac de louis d'or perdu ? Je ne trébucherai pas sur un trésor mais je me heurterai au capitaine Arnaud, camarade de bistrot et commandant de goélette, ancien comme moi de la marine de guerre, et qui sera bien, en ce mois de juin 1892, une miraculeuse rencontre. Il me dit, après avoir écouté la litanie de mes déboires : voilà quatre cents francs, quand tu en auras le temps tu feras le portrait de ma vahiné... Et, dans la voiture publique qui me ramène à Mataiea, au risque de passer pour encore plus fou que je ne le suis, j'éclate parfois de rire, songeant que toute mon existence fut ainsi : je vais au bord de l'abîme et, au dernier moment, je ne tombe pas ! Mais, malgré ces quatre cents francs qui me permettent de voir venir, je tourne en rond, je ne fais rien de bon. La maladie est toujours la même : solitude chronique ! À part les trop rares visites du lieutenant Jénot, personne avec qui échanger une idée, et je plonge de plus en plus dans la morosité, parlant tout seul à longueur de journée, faisant questions et réponses, me donnant – mince consolation – toujours raison ! Enfin, presque toujours, car je ne me pardonne pas de peindre si peu et de vivre une existence aussi végétative au rythme du lagon et de la nature immobiles, me laissant aller, dans la chaleur, à des siestes interminables, restant des heures assis sur mon seuil à fixer sans les voir les jeux du soleil sur le sable et sur la mer. Cela ne peut plus durer ! Il faut réagir, il faut prendre une décision, et je décide, pour casser le mauvais rythme, de partir en voyage autour de l'île. Demain je partirai.

Plus j'avance, mieux je me souviens. Est-ce parce que je suis parvenu loin dans la partie descendante de ma vie ? Est-ce parce que, du temps de mon vivant, j'ai écrit bon nombre d'événements concernant ce premier séjour tahitien ? Est-ce parce que dans ma tombe je suis toujours au cœur du monde océanien, au centre du royaume des ombres maories, frôlé sans cesse par les âmes des demi-dieux et des grands guerriers marquisiens ? Je ne sais, mais je sais que tout est là auprès de moi, dans les moindres détails, et que, plus que jamais, la vie enfuie se fait présente dans mon trou irrémédiablement clos. Ainsi, l'escapade au bout de Tahiti, c'était tout juste hier et c'est encore demain, et c'est même à présent – au petit matin – que le char à banc public m'emporte vers Taravao, à l'entrée de la presqu'île, où un gendarme me prête un cheval de selle. Lente chevauchée vers l'est, par le mince chemin qui louvoie entre les cocotiers, parfois le bruit sourd d'une noix s'écrasant sur le sol, à chaque fois mon cheval faisant un écart, parfois une case en bambou près d'une rivière où se baignent, nues, des vahinés. Saluts, sourires, et je vais mon chemin dans une nature tahitienne où le missionnaire et le gendarme semblent avoir peu pénétré, où les indigènes semblent vivre sans contraintes : était-ce ainsi en l'ancien temps ? M'écartant du chemin qui borde la mer, je m'enfonce dans un fourré qui va assez loin dans la montagne, débouchant sur une vallée où quelques habitants paraissent très étonnés de voir un Blanc. Arrivé à Faaone, petit district annonçant celui d'Hitia, un Tahitien m'interpelle : Eh ! l'homme qui fait des hommes – il sait que je suis peintre –, viens manger avec nous... Tradition d'hospitalité, et je ne me fais pas prier, j'entre dans une maison où plusieurs hommes, femmes et enfants sont réunis, assis par terre, causant et fumant. Où vas-tu ? me dit une belle Maorie d'une quarantaine d'années. Je vais à Hitia... Pour quoi faire ? Une idée me traverse la cervelle : Pour y chercher une femme, Hitia en a beaucoup et de jolies... Tu en veux une ? Si tu veux je te donne ma fille... Et elle sort. Un quart d'heure plus tard, alors que l'on m'offre crevettes d'eau douce et bananes sauvages, elle revient suivie d'une grande jeune fille tenant un petit balluchon à la main : à travers la robe de mousseline rose excessivement transparente, la peau dorée des épaules et deux boutons pointant dru à la poitrine, elle est belle, et ses cheveux, poussés comme la brousse, sont légèrement crépus – au soleil une orgie de chrome. Elle s'assied à mes côtés : Tu n'as pas peur de moi ? Non... Veux-tu toujours habiter mon *fare* ? Oui... Tu n'as jamais été malade ? Non... Et le cœur me bat tandis qu'elle, impassible, range devant moi, par terre sur une grande feuille de bananier, les aliments qui me sont offerts. Je mange, quoique de bon appétit, timidement : cette jeune fille, une enfant d'environ treize ans, me charme et m'épouvante. Que se passe-t-il dans son âme ? Que pense-t-elle de moi, presque un vieillard ? Peut-être la mère a-t-elle ordonné ? Pourtant, la lèvre moqueuse, quoique tendre, de la belle, m'indique bien que le danger est pour moi et non pour elle !

De retour à Taravao, après un repas de fête offert à la famille chez le Chinois qui vend de tout, après des embrassades et des recommandations – dans huit jours qu'elle revienne, si elle n'est pas heureuse elle te quittera... –, nous prenons, ma fiancée et moi, la voiture publique qui nous dépose à Mataiea. Là, tous deux, nous nous observons. Teha'amana – celle qui donne la force – tel est son prénom – et de la force elle m'en donnera ! –, Teha'amana se montre peu bavarde, mélancolique et moqueuse, impénétrable aussi. Devant elle je suis d'une enfance qui m'était jusqu'alors inconnue, pour elle je deviens vite un livre ouvert. Je l'aime, je le lui dis, ce qui la fait sourire, Teha'amana, elle, semble m'aimer et ne le dit pas, mais quelquefois, la nuit, des éclairs sillonnent l'or de sa peau – c'est tout, c'est beaucoup ! Huit jours passent comme un jour, comme une heure et, tristement je la mets dans la voiture publique, avec quelques piastres dans un mouchoir pour payer son voyage, pour offrir du rhum à son père. Reviendra-t-elle ? Elle revint. Alors je me remets au travail, le bonheur succède au bonheur et, chaque jour, au petit lever du soleil, la lumière est radieuse en mon logis : l'or du visage de Teha'amana inonde tout l'alentour et, tous deux, dans la rivière nous allons, naturellement, simplement comme au paradis, nous rafraîchir. La vie de tous les jours. Teha'amana se livre de plus en plus, docile, aimante, et moi je n'ai plus conscience du jour et des heures, du Mal et du Bien : tout est beau, tout est bien ! D'instinct quand je travaille, quand je rêve, Teha'amana se tait – elle sait toujours quand il faut parler sans me déranger. La vie de tous les jours. Grâce à Teha'amana j'ai l'impression de mieux comprendre Tahiti et les Tahitiens, et je suis très content de mes derniers travaux : à Paris ce sera du jamais vu ! La vie de tous les jours. J'aime Teha'amana et je la peins avec amour, je la peins de maintes façons : dans sa belle robe du dimanche assise au fond d'un fauteuil, en Vierge Marie maorie, en jeune fille nue terrorisée par la nuit où rôde l'esprit des morts : *Manau tupapau*... le tableau que je préférais alors, que j'ai décrit longuement, je m'en souviens, c'était hier, c'est aujourd'hui et c'est demain ! Une nuit, rentrant de Papeete plus tard que prévu, je retrouve Teha'amana seule dans l'obscurité du *fare*, la lampe éteinte – faute de luminaire –, claquant des dents, pleurant, me criant : Ne me laisse plus jamais ainsi seule dans le noir, frôlée par l'esprit des morts qui toujours veille... Et je peins Teha'amana, nue, couchée sur le ventre, montrant une partie de son visage effrayé, reposant sur un lit garni d'un paréo bleu et d'un drap jaune de chrome clair, tandis que le fond de la toile vibre d'un violet pourpre semé de fleurs semblables à des étincelles électriques et qu'une figure étrange se tient à côté du lit : ce sera pour moi l'esprit d'une vivante lié à l'esprit des morts, ce sera la nuit et le jour : *Manau tupapau !*

Mais toujours – et l'amour n'y peut rien ! – des soucis d'argent, au point de songer à nouveau aux Marquises où l'Océanien est moins abîmé par la civilisation, où, surtout, on mange pour rien : là-bas un bœuf coûte trois francs ou la peine de le chasser ! Et là-bas je travaillerai mieux, je trouverai de nouvelles sources d'inspiration, j'accumulerai de nouvelles toiles qui me permettront de revenir en position de force auprès des miens – ce que j'écris d'ailleurs à Mette pour qui j'éprouve, curieusement, beaucoup plus de tendresse depuis que je vis cette passion avec mon enfant tahitienne ! En fait, j'aurais besoin de mille francs pour tenir le coup encore quelques mois, mais, en septembre 1892, je suis, une fois de plus, sans un ! Je parviens bien à vendre plusieurs bibelots sauvages – je nomme ainsi mes sculptures en bois de rose – à des colons de la place, mais cela ne me permet pas d'aller bien loin. Les semaines passent. Pour emplir le garde-manger je participe de plus en plus à la vie indigène de Mataiea, partant pêcher le thon avec les Tahitiens loin au large à bord de leurs grandes pirogues doubles, partant chasser avec eux le cochon en montagne, quittant de plus en plus souvent mon chevalet et le *fare*, laissant de plus en plus souvent seule Teha'amana qui – je l'apprendrai plus tard – en profite pour rejoindre des amants dans la brousse ! Et de Teha'amana et de la vie sauvage je me lasse, et je me sens à nouveau malade – le cœur ? le foie ? –, ayant même l'impression de vieillir à grande vitesse : il me faut rentrer en Europe, je veux revoir Mette et les enfants, je veux lancer mes toiles aux yeux de la critique et du public ! Déjà, en pensée, je suis à Paris, déjà je règle mes comptes – ce salaud de Morice qui a touché près de neuf cents francs de la vente de tableaux et qui ne m'a rien envoyé ! –, déjà j'embrasse Monfreid – le bon ami – qui vient de me faire parvenir trois cents francs, déjà j'encadre et j'expose les soixante-six toiles que je peux compter, en février 1893, dans mon *fare* de Mataiea, où je suis vraiment au bout du rouleau, bien refroidi à l'égard de Teha'amana, tourmenté par les tracas financiers, déçu encore une fois par Mette qui se plaint de lettre en lettre, alors qu'elle parvient à présent à vendre mes tableaux à Copenhague. Vois-tu, Mette, cela fait neuf ans que je vis loin des miens, sans gîte et souvent sans manger, depuis deux mois j'ai dû supprimer toute dépense de nourriture – tous les jours du fruit de l'arbre à pain et un verre d'eau –, ne pouvant même pas m'offrir une tasse de thé à cause de la cherté du sucre, et si je supporte bravement cette situation elle altère ma santé : mes yeux, dont cependant j'ai besoin, baissent considérablement. Il me faut rentrer.

Mars, avril, mai de l'année 1893, derniers trois mois de ce séjour tahitien de deux ans. Je ne peins plus. Je quitte Mataiea pour Papeete où je m'installe, avec Teha'amana, dans une des maisons meublées de Madame Charbonnier. Ainsi je pourrai mieux lutter contre le gouverneur Lacascade qui, depuis que je l'ai caricaturé, fait des pieds et des mains pour empêcher mon rapatriement. Ainsi je serai certain de ne pas rater le départ du *Duchaffault* sur lequel j'embarque enfin le 14 juin 1893. C'est fini. L'approche du départ nous a rapprochés une dernière fois Teha'amana et moi, tous deux nous avons beaucoup pleuré dans les bras l'un de l'autre, et, quand je quitte le quai pour monter à bord, Teha'amana, lassée, mélancolique, s'assied sur la pierre, ses deux pieds larges effleurant l'eau salée, et je vois – dernière image, dernier brise-cœur – la fleur qu'elle portait à son oreille tomber sur ses genoux – fanée.

Je ne peux pas bouger. Je suis allongé, coincé sur ma couchette, écrasé par un corps puant et gémissant. Où suis-je ? Après trois semaines d'escale forcée et onéreuse à Nouméa, j'ai pu embarquer à bord de l'*Armand-Bréhic*, paquebot des Messageries Maritimes. Coincé sur ma couchette, j'ai froid, j'ai chaud. À Sydney on se gèle, à Aden on transpire comme au bain turc, dans les coursives vomissent et boivent trois cents soldats, sur le pont bêlent et crottent trois cents moutons, et je suis si fatigué, et il fait si chaud – pendant la traversée de la mer Rouge meurent trois passagers que l'on jette par-dessus bord ! Allongé sur ma couchette qui, peut-être, fut celle de Rimbaud lors de son dernier voyage, j'écoute les mouches vrombir autour de ma jambe. Va-t-elle gonfler, suppurer comme celle d'Arthur ? J'ai chaud, j'ai froid, je cherche le sommeil sur ma couchette, mais c'est impossible tant Arthur Rimbaud me coince et s'agite à mes côtés. Il crie et j'ai peur, il meurt et je meurs. Mais c'est faux, je suis ici, dans mon trou clos, ni froid ni chaud, et je suis mort depuis longtemps : je pense à cette couchette sur ce paquebot, au poète moribond, et je sens contre mes derniers os la terre tiède des Marquises, les derniers fragments du bois pourri de mon cercueil. Je suis seul à jamais, la mort ne se partage pas, et je me souviens.

Marseille le 30 août 1893, quatre francs en poche, un hôtel pour y déposer valises, toiles et sculptures, et je cours à la poste : aucune lettre de Mette, des nouvelles de Monfreid et de Sérusier qui me prête deux cent cinquante francs – je les aurai demain. Et c'est le train pour Paris, l'atelier de Daniel de Monfreid – absent – que je prends d'assaut, et c'est le tour des galeries. Chez Boussod et Valadon je suis viré – mes tableaux remis à Daniel –, chez Durand-Ruel l'accueil est plutôt bon, grâce à Degas qui m'a fortement recommandé, au point que le marchand fait un effort, acceptant d'exposer mes toiles tahitiennes dès que je serai prêt : avec une galerie aussi prestigieuse je pourrai marcher à la victoire – à condition d'avoir des munitions, mais comme d'habitude, je n'ai pas un rond ! Heureusement, chez Charlotte, la crémerie de la rue de la Grande-Chaumière, Mme Caron – vieille amie – me fait crédit pour les repas, m'avance aussi de quoi payer trois mois du loyer de la chambre où je campe, au 8 de la même rue, tandis que – dans le même immeuble – le peintre Mucha, grand cœur slave, me permet de travailler dans son atelier. Gîte et couvert sont assurés, mais j'ai besoin également de vêtements, de souliers, de lunettes et je dois surtout prévoir les frais d'encadrement de mes toiles et ceux de l'impression d'un catalogue. Dépenses insurmontables ! Pourtant, je suis certain que Mette a dû réaliser des ventes lors des deux expositions de Copenhague où mes tableaux étaient présents, et cependant aucune nouvelle de ma femme depuis cinq mois : qu'y a-t-il ? Encore une fois c'est l'abîme, encore une fois il faut croire au miracle. Et le miracle arrivera sous la forme d'un télégramme de Mette : l'oncle Zizi vient de mourir, j'hérite ! Dans trois mois je toucherai treize mille francs. En attendant, j'emprunterai, j'ai l'habitude ! Mais, pour une fois je ne me rongerai pas les sangs, me répétant jour et nuit : comment vais-je rembourser ?

Tout va bien, tout irait mieux encore si Mette acceptait de venir me voir à Paris, mais elle ne viendra pas, se contentant de me harceler, réclamant avec insistance extrême sa part d'héritage. J'ai beau lui expliquer qu'il faut attendre la mise en ordre de tous les papiers de succession – attente d'autant plus longue que ma sœur Marie vit en Colombie –, Mette ne veut rien savoir et tempête de lettre en lettre, se montrant ce qu'elle a toujours été et que j'ai toujours, plus ou moins, voulu ignorer : froide, sévère, vénale, vendant même des tableaux sans m'en informer, n'ayant même pas la délicatesse de me dire que, la veille des expositions, à Copenhague, les journaux titraient : Demain soir, le nom de Gauguin sera sur toutes les lèvres... Et il le fut, et Mette se tut, dépensa l'argent des sept toiles et des cinq céramiques vendues, sans même m'envoyer un traître franc. Elle croit sans doute que j'ai touché l'argent de l'héritage et que je veux tout garder ! J'ai aimé Mette, je croyais l'aimer encore, c'est terminé, et nous n'échangeons plus que d'aigres propos qui font du mal et ne servent à rien, et bientôt je lui demanderai même de ne plus m'écrire tant ses lettres acariâtres me bouleversent – au point de m'empêcher de travailler. Rien de bon à attendre des femmes, quoique Juliette Huet, la cousette que j'avais laissée enceinte lors de mon départ pour Tahiti, ne me fasse aucun souci, ne cherchant pas à vivre à mes côtés, ne me demandant pas de m'occuper de notre petite fille, Germaine. Peut-être craint-elle, la pauvre, que je veuille obtenir la garde de l'enfant si elle se met en ménage avec moi ? Je ne sais pas, mais tout cela n'est pas gai, ni du côté de Mette, ni du côté de Juliette ! Cela ne l'est pas non plus du côté du musée du Luxembourg qui refuse l'offre du *Ia orana Maria* – l'un de mes plus beaux tableaux –, ni du côté du ministère des Beaux-Arts qui a oublié sa promesse de m'acheter une œuvre : je fais peur, je fais scandale et l'on me montre la porte ! Tant pis, et que tous les fossiles académiques aillent se faire voir chez les Grecs qu'ils aiment tant ! Ils ne m'empêcheront pas de battre le rappel des journalistes et des critiques amis, et je pardonnerai même à Morice sa vilenie, bien qu'il ne puisse toujours pas me rembourser : au moins fera-t-il de bons papiers sur ma peinture, dans *le Mercure* et ailleurs, et tous deux nous écrirons un livre, *Noa Noa,* qui racontera mon séjour tahitien et expliquera mes tableaux. Peut-être cela aura-t-il du succès et me rapportera-t-il même de l'argent, comme *le Mariage de Loti* a dû en rapporter à son auteur qui n'a pourtant rien vu, rien compris de Tahiti, tout coincé qu'il était, ne devant pas même ôter ses épaulettes d'officier de la Royale pour faire l'amour ?

Tout est fait, tout est dit, les journaux ont largement annoncé l'exposition, le Tout-Paris artistique a été convié au vernissage, les amis sont là qui passent en revue avec moi les quarante-quatre toiles accrochées aux cimaises de Durand-Ruel – quarante et une tahitiennes sur soixante-six réalisées, et trois bretonnes –, qui soufflent avec moi sur les quelques grains de poussière encore accrochés à ma douzaine de sculptures ultra-sauvages, et je m'assieds au centre de la galerie dont les murs n'ont jamais connu une telle orgie de couleurs. Oui, Mallarmé a raison de s'étonner, de trouver extraordinaire que l'on puisse mettre autant de mystère dans tant d'éclat, oui tout cela est fort, très fort, et j'ai bien raison de croire que je suis le plus grand peintre moderne ! Mais le public sera-t-il de cet avis ? Le 9 novembre 1893, la foule se presse devant chez Durand-Ruel, rue Laffitte, et je vais bientôt savoir si mon séjour à Tahiti fut une folie. À quatorze heures, les portes s'ouvrent, Paris débarque à Tahiti, et Paris, en quelques minutes, fait sombrer dix années d'efforts extrêmes. Il n'y a qu'à regarder ces visages blêmes, bouffis de contentement et d'incompréhension, il n'y a qu'à entendre les ricanements et les exclamations horrifiées – une Anglaise manque même s'étrangler d'indignation : *What ? a red dog...* – pour en être persuadé. S'ils le pouvaient, ils me feraient, dans l'instant, interner à Charenton ! J'ai perdu. Bien sûr il y a Vuillard et Bonnard qui débordent d'admiration, bien sûr il y a Mallarmé et Degas – Degas qui m'achète encore une toile, toisant les détracteurs stupides, me serrant la main avec encore plus de chaleur que d'habitude. Et, lorsqu'il s'apprêtera à quitter la galerie, je le retiendrai un instant – Monsieur Degas, vous oubliez votre canne ! – décrochant du mur, pour la lui offrir, l'une de mes plus belles cannes sculptées : petit geste fraternel à l'égard d'un homme que j'admire et à qui je dois tant, même si à présent tout est perdu. J'exagère ? Non ! Vraiment tous mes projets sont ruinés : mon départ pour Tahiti était une défaite, mon retour l'est aussi, totale. Cependant je ne dirai rien, souriant à tous et à chacun, ne montrant ni amertume ni désespoir à tous ces médiocres incapables de comprendre – une fois de plus je suis l'Indien qui sourit dans le supplice ! Tout est perdu, rien – ou presque – n'est vendu, Monet et Renoir trouvent mes toiles mauvaises et Pissarro m'accuse même d'avoir pillé les sauvages d'Océanie. Je n'ai plus qu'à mourir, je n'ai plus qu'à disparaître – ah ne plus jamais voir d'Européens ! – mais, malgré tout, à travers mes larmes, alors que le rideau de fer est tombé, que la rue Laffitte est déserte, brille toujours dans mon cerveau la lumière dorée de mes tableaux.

Que faire à présent ? Survivre. Je n'ai plus rien à espérer ici, et pourtant, comme d'habitude, la vitalité reprend le dessus. Il faut continuer, je n'ai pas terminé mon œuvre. Et je me pose au 6 de la rue Vercingétorix, dans une maison construite avec des bois récupérés lors de la destruction des pavillons de l'Exposition universelle de 1889, bizarre demeure, cocasse baraquement, avec un seul escalier extérieur qui court le long de la façade. À peine installé je me lie d'amitié avec mon voisin, le musicien Molard qui compose des symphonies injouables, avec Ida son épouse suédoise – sculpteur qui sculpte classiquement le marbre –, sensible surtout à la fille d'Ida, une adolescente de treize ans, Judith, dont la féminité naissante me tourmente, et que j'aimerais bien faire sortir complètement de l'enfance en la glissant dans mon lit. Mais nous ne sommes pas à Tahiti et la virginité, ici, doit se garder longtemps, et je me contente de caresses furtives, me sentant vieux cochon et bien content de l'être ! En fait, là comme ailleurs, et comme toujours après échec, je provoque, cynique, brutal, définitif dans mes propos, excentrique dans ma mise : bonnet d'astrakan, houppelande bleue à brandebourgs, gants blancs et canne enchâssée d'une perle ! On me refuse, on refuse ma peinture, eh bien on me refusera encore plus et je ferai encore plus honte et horreur ! Mais tout cela c'est pour la galerie, en réalité je suis usé, brisé. À quarante-cinq ans je sais que tout est foutu, que jamais ma peinture ne me fera vivre, ne me permettra – j'en rêve encore – de rappeler à moi Mette et les enfants.

Que faire à présent ? Passer l'hiver le moins mal possible et voir venir. Pour une fois je ne suis pas trop fauché et j'organise au mieux mon atelier de la rue Vercingétorix, recréant un Tahiti de pacotille, recréant un univers océanien pour mieux oublier ce Paris qui me nie, jouant au génie incompris – ce que je suis ! D'abord, sur la porte d'entrée, j'annonce la couleur, inscrivant en tahitien, au-dessus d'un couple qui s'embrasse, la saine maxime : *Te faruru*... ici on fait l'amour... Ensuite, je peins les murs en jaune de chrome comme si le soleil des tropiques m'entourait, puis je les couvre de reproductions aimées – Chavannes, Degas, Manet, Cranach, Holbein, Botticelli –, de quelques-uns de mes tableaux tahitiens, de dessins de Redon, de trois pommes de Cézanne et – au-dessus de mon lit – de trois merveilles de Vincent : *les Tournesols*, son *Autoportrait*, et sa *Nature morte aux souliers*, vulgaires croquenots lourds de toute la désespérance humaine, croquenots fraternels pourtant. Entre les tableaux, sur le peu d'espace restant, je cloue des lances marquisiennes, des casse-tête, et sur la cheminée de marbre rose je dispose des coquillages et des instruments de musique des mers du Sud. Des meubles ? Peu. Un lit d'occasion, un poêle, un piano, un fauteuil, un gros appareil photographique dressé près de mes chevalets, un canapé qui s'effondre, un tapis prêté par Monfreid, et au milieu de tout cela – puisque la petite Judith n'est pas pour moi – j'installe aussi une métis cingalaise – Annah la Javanaise, l'appelle-t-on – qui ressemble fort à la petite guenon que je lui ai offerte, mais qui possède aussi la fraîcheur de ses treize ans et l'exotisme convenu des lointains tropiques, ajoutant encore à ma singularité rebelle que détestent tant les bien-pensants et les assassins de ma peinture ! Et tous les jeudis – j'ai mon jour comme les dames du faubourg Saint-Germain ! – je reçois. On fait de la musique, on chante, on récite des poèmes et l'on danse même parfois. Alors je compte ceux qui sont de cœur avec moi, ceux qui croient encore à mon art : Schuff – notre vieille amitié ne pouvait pas complètement mourir –, Monfreid, Degas et Mallarmé, mes voisins Molard et la petite Judith, Maufra, Durio, Maillol, Leclercq et Morice, et des femmes aussi, les leurs et d'autres.

L'hiver avance. Paris semble figé par le froid et mon poêle fume. La vie n'est pas bonne pour moi et je ne sais plus où j'en suis. Un petit voyage à Bruxelles, où j'irais voir l'effet que produisent sur les Belges cinq de mes tableaux tahitiens, exposés par les artistes de la Libre Esthétique, me ferait peut-être du bien ? Je pars. Cela ne me fait pas de bien, mais cela me permet au moins de m'émerveiller devant les Memling de Bruges, devant les Rubens d'Anvers. L'hiver passe. Paris est devenu Tahiti-sur-Seine tant je baigne dans mes souvenirs océaniens qui resurgissent – embellis bien sûr ! –

sous ma plume, qui reviennent aussi sous mes pinceaux – sept toiles océaniennes, peintes rue Vercingétorix, seront aussi ensoleillées que celles de Mataiea –, qui renaissent encore sous mes ciseaux qui graveront dix bois destinés à illustrer *Noa Noa.* L'hiver est passé, je rêve de plus en plus à Tahiti, je n'ai que du dépit devant les timides bourgeons qui font leur apparition sur les marronniers des boulevards, et je ferme les yeux en écoutant monter, du fond d'un coquillage, le bruit des lames sur le récif de corail orchestrant, là-bas, en notes de tambour, un chant monotone. Là-bas, c'est le 17ᵉ de latitude sud, aux antipodes, et les nuits y sont toutes belles, la grande traînée de lait sillonnant le ciel tandis que, lentement, des mondes traversent la voûte céleste. Ici, à Paris, par le 47ᵉ de latitude nord, il n'y a plus de cocotiers, nul corail n'est brisé par les vagues sur les rives de la Seine, nulle étoile ne brille dans le ciel embrumé, et les rumeurs n'ont plus de sens musical. Tristesse pour tristesse, il vaut mieux quitter celle de Paris pour celle de la Bretagne qui me fut toujours accueillante. Mais, en quatre ans, la Bretagne m'aura oublié, n'aura aucune tendresse pour moi : ce sera bien pire qu'à Paris et j'irai, à Pont-Aven comme au Pouldu, de déboire en déboire jusqu'à la catastrophe de Concarneau. Bien sûr, tout aurait été plus simple si je n'avais pas emmené mes deux guenons, Annah la Javanaise et son singe, mais l'on s'attache aux animaux et ceux-là me donnaient, jusqu'alors, sinon du bonheur du moins du divertissement. Et ce n'est pas la faute de mes femelles si Marie-Jeanne Gloannec, florissante, ne tient plus son aimable pension mais un hôtel de luxe sur la Grand-Place, si la Belle Angèle et Dominique son mari sont installés, à présent, à Concarneau, et si, au Pouldu, il n'y a plus de Marie Poupée, émigrée, elle, à Moëlan avec un nouvel amant. Tout a changé, je ne m'y retrouve plus. Où vais-je bien pouvoir me poser et comment vais-je, surtout, récupérer mes tableaux qui décoraient, au Pouldu, l'auberge de Marie Poupée ?

Slevinski, un Polonais, peintre copain rencontré chez Charlotte, rue de la Grande-Chaumière, m'offre une chambre dans sa villa du Pouldu, mais, avec mes compagnes exotiques, je ne veux pas abuser et je ne resterai pas longtemps, remontant sur Pont-Aven pour prendre pension à l'hôtel flambant neuf de Marie-Jeanne Gloannec. Il est temps de se remettre au travail, et je m'y remettrai, mais sans conviction : le mystère breton, tout en demi-teintes, ne joue plus et je fais éclater les nuages gris du ciel atlantique en des fulgurations multicolores et tropicales. Si je me laissais aller les Christ en croix des petites chapelles rejoindraient sur mes toiles le panthéon tahitien, deviendraient même de grimaçants tiki, mystérieux suppliciés sur fond de lagon, et sainte Véronique se retrouverait jolie vahiné arrachant son paréo pour essuyer le visage d'un Jésus marquisien ! Il vaut mieux arrêter, il vaut mieux ne plus peindre et me perdre dans la lande en de longues marches divagantes, il vaut mieux courir sur les plages bretonnes vêtu de mon seul paréo rouge et blanc, il vaut mieux sculpter, à quatre pattes comme un enfant devant ses châteaux, parmi les goémons et les carapaces de crabes, des bas-reliefs aux motifs océaniens qui, sur des dizaines de mètres, offriront leurs fragiles structures – que la marée montante détruira – aux yeux ébahis des pêcheurs de crevettes et des jeunes peintres en quête d'inspiration. Cela ne tourne pas rond ! Et Annah geint parce qu'il pleut, parce qu'elle s'ennuie, parce qu'elle regrette Paris et ses trottoirs et ses bazars où elle achetait des tas de futilités et son entêtant patchouli à bon marché. Et la guenon se gratte et les puces craquent sous les ongles d'Annah : toutes deux, je ne les supporte plus ! Et je repars avec mes nouveaux disciples – l'Irlandais O'Connor et le Breton Seguin – arpenter la lande, dispensant généreusement conseils et mises en garde, tournant comme un chien de garde autour de leurs chevalets, sortant parfois mon revolver pour braquer la toile de Seguin où, trop souvent encore, il sacrifie aux couleurs complémentaires qui donnent – combien de fois faudra-t-il le répéter ? – le heurt et non l'harmonie.

Mais, moi aussi, je m'ennuie. Je ne travaille plus, je m'enfonce avec mélancolie dans mes obsessions tahitiennes – j'en radote ! – et, comme toujours, pour rompre le cercle de mes fantasmes et de mes regrets, je me dis qu'une virée ailleurs, quelque part ailleurs, me ferait du bien ! Oh, pas loin, seulement, par exemple, une petite expédition à Concarneau où je pourrais voir, peut-être, les bateaux de pêche rentrer au port, chargés, peut-être, de thons semblables à ceux que je pêchais au large de Mataiea... C'est reparti ! À bas les souvenirs océaniens ! Marchons plutôt vers Concarneau, flanqué d'Annah la Javanaise et de la guenon sautillantes, en compagnie du Breton bretonnant Jourdan, d'O'Connor qui a emporté son violon et qui salue, en passant, de quelques notes, les pardons qui jalonnent la route, du joli et frêle Seguin et de leurs compagnes : il nous faudrait encore une chèvre apprivoisée et un cracheur de feu, il nous faudrait aussi Madame Irma – qui lirait dans les astres la date de mon nouveau départ pour Tahiti ! – et notre troupe serait complète, artistes saltimbanques qui entrent dans Concarneau un vendredi 25 mai, rigolards, contents de la balade, pressés d'écluser quelques fillettes de muscadet sur le zinc des bistrots du port, marchant à présent le long du quai, riant au spectacle des grosses méduses qui flottent autour des bateaux amarrés, riant en fait pour un rien, riant même de la guenon qui bondit et escalade les caissettes vides entassées sur le quai. Guenon de malheur qui bientôt nous vaudra une escorte de moutards, lançant des cailloux à l'animal, se moquant d'Annah qui leur tire la langue et fait d'effroyables grimaces ! Mais voilà qu'une pierre plus grosse que les autres frôle Seguin, voilà Seguin tirant l'oreille d'un bambin lanceur de cailloux, et voilà surtout la terrasse du café que nous longeons qui se vide en un instant, les pêcheurs buveurs de cidre fondant sur notre bizarre équipage en hurlant des invectives. En tête, le père de l'enfant à l'oreille tirée qui, d'un coup de poing, écrase le nez de Seguin le tireur d'oreille. Ah bon ! En avant pour la castagne, et je rentre dans la danse : crochet au foie, uppercut au menton et j'allonge net le géniteur du lanceur de cailloux. Et d'un ! Mais l'assaut est rude, les ennemis se multiplient et, de peur, Seguin se jette à l'eau, tandis que Jourdan, O'Connor et moi, soutenus par les femmes fouaillant les côtes des marins à coups d'ombrelles, nous faisons face. La belle bagarre ! Et je cogne avec plaisir, multipliant les une-deux classiques, rejouant même de la savate, renouant même avec les coups de boule. J'avais peut-être besoin d'un violent exercice pour exorciser mes démons et me prouver que je n'étais pas seulement qu'un vieux peintre raté ? On fait face, on s'active, les coups pleuvent de tous côtés, et cela crie et cela hurle ! S'est relevé le père du lanceur de pierres, à nouveau il marche sur moi : il en veut encore ? Il en aura ! Mais il y avait un trou et je ne l'avais pas vu, mon pied s'y tord, je trébuche, je tombe. À terre on m'achèvera à coups de sabot. Il vaut mieux faire le mort, ne plus bouger, et je sens bien que ma jambe droite est brisée. Tout à l'heure, le médecin diagnostiquera une fracture ouverte de la malléole avec luxation du pied. L'escapade à Concarneau est terminée. Bonne journée !

Sur une carriole brinquebalante tirée par les amis, le retour vers Pont-Aven sera un vrai chemin de croix et, pendant deux mois, allongé sur mon lit, bourré de morphine et d'alcool, ce sera un autre chemin de croix, immobile celui-là. Mais quels crimes dois-je donc expier ? Faut-il que mes fautes soient terribles pour que, depuis mon retour de Tahiti, j'aille de punition en punition ! Malgré les drogues je souffre horriblement, dormant à peine, et je suis épuisé, les nerfs à bout, persuadé que tout le monde cherche à me persécuter. Morice, à Paris, n'a pas écrit une ligne pour notre *Noa Noa*, Mette ne m'a pas envoyé un mot bien qu'elle me sache blessé, à Drouot six de mes tableaux ne dépassent pas cent dix francs l'un, le procès contre mon casseur de guibolle est une machination menée contre moi – des dix mille francs de dommages et intérêts demandés je ne toucherai que six cents francs ! –, enfin, l'autre procès que j'ai intenté contre Marie Poupée se solde, lui, par un échec encore plus cuisant : débouté ! Je suis débouté et je ne récupérerai jamais les dix-huit tableaux laissés naguère en son auberge. Encore une fois, trop c'est trop : je suis cloué au lit avec ma jambe en bouillie et il faut que les coups – moraux et financiers ceux-là – continuent à pleuvoir ! Il n'y a plus qu'à tirer l'échelle, il n'y a plus qu'à disparaître et pour toujours. Le plus tôt possible j'irai enfouir mon talent chez les sauvages d'Océanie, et l'on n'entendra plus jamais parler de moi, oui, dès que ma jambe sera capable de me porter je retournerai à Paris, je vendrai tout mon bazar et je m'embarquerai ! Rien ne m'empêchera plus de repartir, et, alors, ce sera sans espoir de retour, sans espoir de gloire picturale. Adieu peinture ! si ce n'est comme distraction, et ma maison, là-bas au bord du lagon, sera en bois sculpté.

Annah la Javanaise est rentrée à Paris à la mi-septembre, la petite guenon est morte d'avoir grignoté une fleur de yuca, et moi je me retrouve sur le pavé parisien à la mi-novembre, enfin, boitant bas, souffrant à chaque pas, désespéré de tout et de tous, encore plus désespéré lorsque, débarquant rue Vercingétorix, je m'aperçois qu'Annah s'est volatilisée en pillant mon atelier. Cela ne s'arrête pas ! La scoumoune est permanente ! Le crime à payer doit être énorme et je ne verrai jamais la fin du châtiment ! Est-ce d'avoir abandonné Mette et les enfants qui me vaut tant de malheurs ? Peut-être. Moi qui croyais qu'en abandonnant tout pour la peinture je marchais droit – ou presque ! – sur le chemin de la sainteté ! Encore une chance qu'Annah n'ait pas embarqué mes tableaux, qu'elle se soit contentée du bric-à-brac : qu'aurait-elle fait d'ailleurs de mes toiles rutilantes, pour elle tout juste bonnes à allumer un feu de cheminée !

1894 aura été la plus noire des années passées en France, 1895 – jusqu'à mon départ – ne vaudra guère mieux. C'est comme si l'on me tuait à petit feu, et j'envie presque Sadi Carnot qui a été assassiné en juin, j'envie presque les anarchistes qui veulent faire exploser cette société injuste, injuste de refuser les artistes comme moi, injuste peut-être de condamner le capitaine Dreyfus, hier, à la veille de Noël, et je vomis cette société française cramponnée à son bien-être tremblant de voir le scandale de Panama et les bombes des anars ruiner ses rêves de profit et d'indolence ! Sans doute faudrait-il, du temps de son vivant, avoir une idée plus précise de la mort, de ce qu'est la réclusion à perpétuité dans une tombe, sans doute faudrait-il, de temps en temps, faire des périodes – tout comme à l'armée – sous la terre des cimetières, pour savoir prendre, par la suite, avec légèreté les pires emmerdements ? Un malheur qui arrache des larmes, une infamie qui révolte et fait hurler, quelles belles manifestations de vitalité, quelles aubaines ! Mais allez donc réagir ainsi alors que, bronchiteux et amer, résonnent à vos oreilles les premières mesures de l'hallali ! Ce n'est pas parce que, le 22 novembre, les symbolistes me font une fête au café des Variétés, ce n'est pas parce que Charles Morice exalte mon talent dans *le Soir* du lendemain que je ne reconnais pas autour de moi les signes de la mise à mort. Du 3 au 9 décembre j'organise dans mon atelier une petite exposition de gravures et de dessins. Échec ! Le 18 février 1895, je retrouve, à l'hôtel Drouot, la salle numéro 7 qui, en 1891, m'avait porté chance. Échec encore, désastre même ! Sur quarante-sept tableaux, neuf seulement trouvent acquéreurs. Rien n'aura pu faire comprendre au public stupide que ma peinture est autre chose qu'une farce absurde, et ni la lettre d'August Strinberg qui ouvre le catalogue et tente d'expliquer mon travail de Titan – dit-il –, ni l'intérêt de Degas – toujours fidèle – qui achète deux toiles, ni les amis – Maufra, Morice, Monfreid, O'Connor, Schuff, Seguin, Slewinski – qui crient au génie, ne me sauveront de la défaite totale.

J'en pleurerais. J'en pleure comme un enfant sur l'épaule de Maufra qui m'emmène dîner dans son atelier du boulevard de Clichy, au soir de ce Waterloo sinistre. À moi l'exil, à moi Tahiti, et vite ! De l'Europe je n'ai plus rien à attendre de bon, elle ne peut plus rien me donner, si ce n'est la vérole que la belle Zoulie, pute de talent, me refile une nuit de janvier. C'est complet ! Il ne me suffit pas d'avoir une jambe qui ne cicatrice pas et me fait toujours souffrir, il faut aussi que je chope la syphilis ! Bravo matelot, c'est vraiment le couronnement d'un total ratage après quarante-sept ans de chienne de vie ! Et que Mette me fiche la paix et qu'elle comprenne bien – comme je le lui écris – qu'à mon âge je ne veux pas tomber dans la misère et que je me débrouillerai tout seul : je n'existe déjà plus pour ma femme et mes enfants, je chercherai à ce qu'ils n'existent plus pour moi ! Il n'y a plus qu'à partir, disparaître pour toujours, et mourir enfin au fond du Pacifique. Cependant, il me reste encore quelques coups à recevoir : Oviri, ma statue sauvage que je viens de réaliser chez Chaplet, Oviri, monstre étreignant sa créature, cri d'adieu barbare à l'Europe indigne de mon art, est refusée par le

Salon de la Société nationale des Beaux-Arts ! Jusqu'à la fin la France officielle me bottera le cul, jusqu'à la veille de mon départ l'on me mordra le cœur ! Ainsi, Émile Bernard qui se contentait de faire le serpent et de crier partout que je l'avais pillé – qu'aurais-je bien pu lui piller ? – monte d'un cran dans l'ignominie pour écrire au bon Schuff que, naguère, j'ai couché avec sa femme ! J'aurai rencontré, durant mon existence, bien des merdeux, mais pas un comme le petit Bernard : où que j'aille je suis certain de mettre le pied dans une de ses ordures, charmant jeune homme qui chie dans tous les coins ! Et puis basta, il faut savoir conclure, il faut savoir rompre et fuir comme ma grand-mère Flora, il faut savoir disparaître sans espoir de retour ! Je parviens à vendre quelques toiles au rabais, j'en laisse un grand nombre en dépôt dans la galerie de Levy et dans celle de Chaudet, je brade mes meubles et mes dernières bricoles, je rassemble les restes de l'héritage de l'oncle Zizi, et je quitte Paris. Le 2 juillet 1895, c'est le quai de la gare de Lyon et le train pour Marseille, le 3 juillet, ce sont les quais du port de Marseille et le paquebot l'*Australien* pour la fuite ultime au bout du monde : là-bas, à Tahiti, je sculpterai mon tombeau, dans le silence et dans les fleurs.

Il y a une lune immense au milieu du ciel et de la mer. Ma déception est immense, grosse comme la lune pleine : j'ai trop demandé à la vie et la vie ne m'a rien donné. Et dans le ciel noir, dans cette lune blanche, dans le sillage phosphorescent de l'*Australien,* et même sous mes paupières que je ferme de plus en plus souvent, pendant tous les jours et toutes les nuits de cette traversée longue et bête ne cesse de défiler la foule multicolore des tableaux qui, depuis plus de vingt ans, sont nés de ma main et de mon cœur. Rongé par le désespoir et l'amertume je ne peux projeter dans ma pauvre tête, comme au cinématographe Lumière, que la longue procession de mes tableaux. Tant ? Il y en a tant que cela ? Tant de travail à l'arraché pour un tel désastre ! Je ne comprends pas, je ne comprendrai jamais. Et les visages de mes enfants dansent aussi au rythme de la houle, accrochés au vide, entre le bastingage et les vagues, que je fixe d'un œil atone. Tant ? Tant d'affections perdues, perdues à jamais ! Et il n'y aura plus de miracles, ni pour ma peinture, ni pour ma famille, plus jamais, et je ne sortirai plus de ma torpeur que pour jouer à corps perdu avec les corps de très jeunes filles, pour grogner et pour me plaindre, lâcher des injures et, malgré tout, peindre encore. J'ai eu la force de vivre en marge du monde, je l'aurai jusqu'au bout et, face au soleil océanien, je saluerai encore la vie tout en la sachant perdue ! Est-ce d'avoir tant désiré la mort en mes dernières années, qu'aujourd'hui et pour toujours, elle demeure une porte ouverte – et infranchissable – sur le spectacle de ma vie ? Je suis mort et je me souviens, et sur l'*Australien,* de la Méditerranée au Pacifique, sur le *Richmond,* de la Nouvelle-Zélande à Tahiti, je déborde d'amertume et de désespoir : j'ai créé un monde et la société – ma société – est demeurée aveugle devant ma vision, j'ai peint, j'ai sculpté, en vain, j'ai vécu pour la peinture et je n'ai pas existé et, à présent, il faut apprendre à se taire, à mourir.

Le 9 septembre 1895, je retrouve Papeete après deux ans d'absence. Quoi de nouveau ? Rien de beau, rien de bon. Des lampadaires électriques d'où coule une lumière jaunâtre, un manège à vapeur qui tourne devant le palais royal sur l'air de *Madame Angot,* des bicyclettes qui dérapent dans la poussière et dont les roues se voilent de trou en trou. C'est tout, c'est la modernité à Papeete. Pas question de m'engluer ici : le mois prochain je repartirai, plus loin, toujours plus loin, en une île de l'archipel des Marquises, et j'y mourrai. Mais, en attendant les Marquises et la mort, je m'étourdis, je bois dans les tavernes et dans les bals, chaque nuit je garnis mon lit d'une vahiné nouvelle : je bois et je baise comme si les jours m'étaient comptés, comme s'il s'agissait, à chaque fois, de la dernière bouteille et de la dernière femme ! Peut-être parviendrai-je à mourir d'un coup, le cœur claquant, un verre d'absinthe d'une main, caressant le corps d'une vahiné de l'autre ? Et tous les soirs j'applaudis sur les gradins du cirque qui vient de débarquer : bravo aux clowns, aux acrobates, au singe cramponné au dos du toutou qui galope, à miss Adèle la femme serpent ! Et je ris, je crie, j'applaudis, et s'étonnent mes compagnons de bringue, mes vahinés hilares : ce Gauguin vraiment, quel entrain ! C'est gai, c'est triste à en mourir, mais je ne meurs pas. Les jours passent, l'argent s'envole, et Monsieur le Gouverneur Papinaud demande à me voir. Va-t-on me faire la leçon ? Il ne manquerait plus que ça ! Mais non, Papinaud, successeur du sale Lacascade, homme jovial des Pyrénées orientales – tout comme Monfreid qui m'a recommandé à lui –, Papinaud m'invite seulement à embarquer sur l'*Aube* pour assister au ralliement à la France des îles de Bora-Bora et de Huahine. Bonne balade, bonne table au carré des officiers, belles fêtes, brillante réussite de colonisation dans la joie et l'allégresse ! Hélas, il n'en sera pas de même à Raiatea – la troisième île visitée – où il faudra tirer le canon, brûler, tuer pour que flotte le drapeau français sur cette terre encore rebelle. Cela m'écœure, et lorsque, quelques mois plus tard, les armes françaises mettront Raiatea à la raison, j'aurai envie de publier à Paris un article décrivant nos vilenies coloniales, notre brillante œuvre de pacification, porteuse d'une civilisation parfaitement inadaptée à ces Maoris du bout du monde. Mais, si j'envoie bien à Morice quelques notes à ce sujet, je n'irai guère plus loin : en France, qui se soucie de Tahiti ? Et à Tahiti, ma petite personne, malade et désespérée, me préoccupe tout entier.

Il est vrai que je ne suis pas frais, avec ma jambe qui ne guérit pas, mon eczéma rampant et ma syphilis mal blanchie, si peu frais que j'abandonne pour l'heure mon projet d'installation aux Marquises : là-bas, il n'y a pas d'hôpital. Mais je ne resterai cependant pas à Papeete, je m'installerai à Punaauia, à douze kilomètres de la ville, pas trop loin des médecins, de la poste et des cabarets. En novembre 1895, la construction de mon habitation se termine, grande cage à moineaux grillée de bambous avec toit de palmes de cocotiers, divisée en deux parties par un rideau en provenance directe de la rue Vercingétorix. D'un côté, une chambre à coucher avec très peu de lumière pour avoir de la fraîcheur, de l'autre, un atelier avec une grande fenêtre dans le toit pour avoir de la lumière, par terre, des nattes et mon ancien tapis persan, le tout décoré d'étoffes, de bibelots, de dessins et même de photos pornos achetées à Port-Saïd. La vie reprend : toutes les nuits des gamines endiablées envahissent mon lit et, au soleil levant, face à Moorea – noire et somptueuse apparition dans la lumière nouvelle –, dans mon jardin bordé d'immenses arbres de fer aux racines rouges mises à nu par le clapotis répété du lagon, mes jeunes maîtresses redeviennent enfants sages pour préparer café au lait et poissons frits, et tous ensemble nous déjeunons, moi, vieil amant salace, redevenu avec le jour, parmi ces vahinés adolescentes, paternel patriarche. Cependant, je vais mettre en sourdine cette vie de patachon pour prendre une femme sérieuse à la maison et travailler d'arrache-pied : je fais revenir Teha'amana, mais, là encore, la magie ne fonctionne plus – au bout d'une semaine elle repart, les plaies de ma jambe et les boutons qui parsèment mon corps la faisant fuir. Je trouverai pourtant une vahiné qui restera, une vahiné de seconde catégorie il est vrai, car, malgré ses quatorze ans et sa jeune beauté, Pau'ura n'est pas très futée, ne manifeste aucun talent ménager et se montre d'une indolence extrême ! C'est mieux que rien, je suis peu exigeant et chez moi elle ne s'ennuie pas : grâce au tonneau de deux cents litres de vin rouge toujours en perce et toujours à la disposition des voisins il y a de l'animation à la maison ! Joyeuse vie, fausse joie, fêtes et dîners chez moi devant le lagon de Punaauia, avec les officiers de la Royale qui viennent faire bombance avec ce vieux Gauguin si hospitalier, tellement original et toujours bien pourvu en jeunesses locales – disent-ils.

L'argent file, il a déjà filé, et après l'exaltation c'est la grande dépression qui revient, accompagnée des tracas habituels : pas d'argent, ni des galeries ni des amis de Paris qui doivent s'occuper de mes affaires, pas de nouvelles de la famille – je n'en attends plus, j'en espère tout de même –, et ma santé recommence à me jouer de sales tours. En février 1896, en pleine saison des pluies, dans la grande chaleur et l'humidité, les plaies de ma cheville suppurent à nouveau et je dois à nouveau, pour pouvoir peindre et pour pouvoir dormir, me bourrer de calmants et d'alcool. Je suis à bout de ressources, à bout de forces, et pourtant je crois que mon art n'a jamais atteint de si hauts sommets : tout devient musique, tout devient accord magique quel que soit le sujet choisi et, plus que jamais, j'ai la certitude que l'essentiel réside en ce qui n'est pas exprimé. Ah, si l'argent et la maladie me laissaient en paix, le combat pictural pourrait peut-être encore être gagné ! Il n'en sera rien. Avril 1896 me voit déjà avec plus de mille francs de dettes, et j'ai beau vivre avec cent francs par mois je me suis mis trop tard à faire des économies. Tout craque et, plus je vais, plus je descends. Il ne servira à rien de prier Schuff de chercher à obtenir pour moi une rente du comte de La Rochefoucauld – mécène versant des mensualités au petit Bernard lui-même ! –, de demander à Monfreid et à Maufra de battre le pavé parisien afin de trouver des amateurs qui m'achèteraient des toiles en me versant régulièrement de toutes petites sommes, de supplier Morice de m'aider non plus par de belles paroles mais par des actes, tout cela ne servira à rien et aucun de mes amis ne parviendra à m'arracher à l'infortune. Et je suis si malade que je dois me faire hospitaliser : les flonflons et les pétards de la fête du 14 juillet toute proche semblant éclater au pied de mon lit ajoutent à ma tristesse, et, cependant, quinze jours d'hôpital me feront le plus grand bien, même si, à ma grande honte, je ne pourrai pas en régler les frais, les cent quarante francs que je m'engagerai à rembourser au plus tôt ! Personne ne m'aidera donc jamais ? N'y aura-t-il pas de répit ? Me voilà à terre, faible, à moitié usé par la lutte que j'ai entreprise, et aujourd'hui je m'agenouille et je mets de côté tout orgueil. Je ne suis rien sinon un raté et il ne me restera bientôt plus que le suicide comme porte de secours, à moins que le Seigneur daigne enfin en finir avec moi ?

L'heure n'est pas encore venue. Je me retrouve seulement, banalement, professeur de dessin des trois jeunes filles de Maître Goupil, avocat. Cela m'ennuie fort, malgré de bons repas gratis et quelque monnaie, malgré la charmante fille qui, comme ma fille, s'appelle Aline et qui, comme elle, a dix-huit ans. Je peux rêver ! Mais je ne rêverai pas longtemps, je donnerai vite mon congé. L'avocat Goupil m'horripile avec ses certitudes absolues et multiples, sa voix de stentor auquel nul ne résiste et ses prétentions artistiques qui lui font même planter, dans son jardin à la française, des Vénus et des Dianes chasseresses de marbre ! Je préfère encore crever dans mon coin que de mendier ainsi et devoir me taire à la table d'un notable de province ! Et, moi aussi, dans mon jardin à la tahitienne, je dresserai des statues, des statues de terre recouvertes de cire : le curé de Punaauia poussera des hurlements devant ma femme nue courant, libre, vers le lagon, et les indigènes se réjouiront devant une lionne jouant avec son lionceau ! Tout cela me met, en fin de compte, presque de bonne humeur, d'autant plus que ma carcasse délabrée semble vouloir me laisser en paix, d'autant plus que je reçois de Chaudet un mandat de douze cents francs, d'autant plus que Pau'ura vient de mettre au monde une petite fille : Noël 1896 aurait presque pu être un bon Noël, avec cet enfant tout neuf dans ma crèche ! Mais jamais la mort ne m'oublie, elle tourne autour de moi et s'empresse de reprendre l'enfant trop fragile : je n'aurai plus qu'à me peindre Gauguin près du Golgotha, visage résigné à la bouche amère, vêtu d'une large chemise blanche à col grand ouvert, semblable à un condamné à mort qui attend la hache. Pourtant, curieusement, ma santé s'améliore encore, pourtant, grâce à Chaudet encore, les finances s'améliorent, et je peins bien. Je pourrai même envoyer à Monfreid, par l'entremise du chirurgien d'un navire de guerre, mes huit derniers tableaux – parmi eux, *Nevermore*, mon préféré : un nu au luxe barbare d'autrefois, aux couleurs sombres et tristes, femme reposant tandis qu'un oiseau l'observe, non point l'oiseau d'Edgar Poe – *Nevermore* – mais l'oiseau du diable qui est aux aguets, l'oiseau stupide de la mort qui guette, car la mort plus jamais ne me quitte, elle m'attend, je l'attends. Ce n'est d'ailleurs pas parce que Chaudet m'envoie de l'argent et que ma jambe me fait moins souffrir que je me fais beaucoup d'illusions. Je profite seulement de cette parenthèse de calme pour peindre beaucoup et avec passion. La paix ne durera pas : elle ne dure pas ! En avril 1897, meurt mon propriétaire et ses successeurs m'obligent à déguerpir presto, mais surtout – surtout ! –, au courrier de ce maudit mois d'avril, arrive une mince enveloppe au timbre danois. Mon cœur bat. Des nouvelles des miens ! Mette veut-elle de l'argent, des tableaux ? Ou bien m'envoie-t-elle – miracle ! – un mot affectueux ? Entre mes doigts tourne la petite lettre. Que va-t-il s'en échapper ? Et si je ne l'ouvrais que demain ? Et si je ne l'ouvrais pas ? Je l'ouvrirai. Le 19 janvier, Aline est morte. À la sortie d'un bal elle a attrapé froid, une pneumonie l'a emportée en trois jours. C'est tout. Silence et vide en moi, ni larmes ni cris, rien, le coup est trop fort, il m'a endormi. Pas pour longtemps. Petit à petit, jour après jour, la blessure s'ouvre de plus en plus, et chaque nuit le sommeil fuit, me laissant, au matin, épuisé. La mort ne me lâche pas d'un pas, frappant autour de moi, de plus en plus près, ne se décidant pourtant pas à me délivrer, se contentant – atrocité plus grande – de me tuer à petit feu. Faudra-t-il l'aider pour en finir une fois pour toutes ? Une dernière fois j'écrirai à Mette, dernière lettre – un mot plutôt, un cri plutôt – qui scellera à jamais la fin de notre couple, et où je hurlerai que ma fille est morte, que je n'aime plus Dieu et qu'Aline n'est pas au Danemark mais ici, tout près de moi, dans mon jardin où mes larmes sont des fleurs vivantes sur sa tombe.

Au cœur, tel un fer rouge, la mort d'Aline, cette mort tellement monstrueuse que le monde aurait dû s'arrêter de tourner, au cœur le malheur absolu, la désespérance totale qui devraient me tuer, là, un bon coup, en trois jours comme ma fille, et s'apercevoir que la vitalité immonde est en fait plus forte que tout ! Aline n'est plus et j'en pleure, mais cela ne m'empêche pas de courir, à droite, à gauche, dans tout le district de Punaauia, pour tenter de trouver un nouveau toit, un nouveau petit confort pour abriter ma puante carcasse et mes dernières préoccupations artistiques. C'est ainsi, ainsi est le cœur de l'homme, bien lâche, bien précautionneux : on ne meurt pas d'amour, ni pour une femme ni pour sa fille ! Et je jubilerai lorsque j'aurai trouvé, au bord de mer, toujours à Punaauia, un bel hectare de terre planté de cocotiers dont je deviendrai propriétaire pour sept cents francs – grâce aux mille trente-cinq francs que Chaudet vient de m'envoyer. Et je jubilerai lorsque je serai parvenu à obtenir un prêt de la Caisse agricole afin de construire ma maison qui sera grande et belle : vingt mètres de long, huit de large, murs et parquet en bois importé d'Oregon, toit en pandanus tressé, chambre, véranda, atelier, cuisine, portes coulissantes : un vrai palais, ouvert sur Moorea la splendide, en mon Est à une dizaine de miles. Cependant, l'euphorie sera, comme d'habitude, de courte durée, tout juste le temps de jouer au propriétaire, de m'étourdir pendant les travaux de construction et d'installation, car déjà la réalité me rappelle à ma vérité et à mes tourments. Je croyais, naïvement, que l'argent continuerait à arriver de Paris, mais il n'en est rien et mes créanciers me tourmentent, me reprochent d'avoir construit une demeure bien au-dessus de mes moyens – mais n'ai-je pas été toujours trop pauvre pour vivre à la hauteur de mes moyens ? D'ailleurs ce n'est pas le moment de me persécuter avec des histoires d'argent alors que, brusquement, ma santé redégringole à grande vitesse. L'eczéma grimpe le long de mes jambes et j'ai beau les saupoudrer chaque jour d'arsenic et me bander soigneusement jusqu'aux genoux, cela empire. Une double conjonctivite me rend – pour un temps – pratiquement aveugle. Ma jambe brisée me torture à nouveau, à tel point que je m'évanouis chaque fois que je tente de marcher. Mon cœur bat à un rythme de plus en plus bizarre, des frissons de fièvre me secouent pendant des heures, et plus personne ne vient me visiter : à cause de mes jambes bandées on croit que j'ai attrapé la lèpre ! Et, à longueur de journée, vautré sur mon lit, je rumine des pensées de plus en plus sombres, appelant la mort de tous mes vœux, ressassant ma haine de Dieu.

La mort ne viendra pas, il y aura même une légère amélioration et, dès que j'y verrai à peu près clair, je demanderai à ma vahiné de m'apporter un cahier d'écolier où, d'une écriture hésitante, je tenterai de dialoguer avec ce Dieu que je crois avoir aimé – sans savoir, sans comprendre – et que je n'aime plus. Ce n'est pas le Christ fabuleux que l'on doit frapper, mais plus haut, plus loin dans l'histoire : il faut tuer Dieu – celui de l'Église catholique, tout petit et mesquin, méchant et injuste, s'occupant spécialement du trou du cul de chacune de ses petites productions, il faut rendre le vrai Dieu aux poètes et aux rêveurs, le rendre à nouveau insondable et mystérieux, symbole de Beauté, Beauté même ! Mais, en attendant la mort de Dieu et au lieu de jouer au philosophe, je ferais mieux de m'occuper de moi, de ma propre mort qui ne saurait tarder : au léger mieux a succédé le pire, étouffements, vomissements tous les jours, et j'espère bien ne plus en avoir pour longtemps, préférant encore mourir de maladie plutôt que d'avoir recours au suicide – ainsi nul ne pourra me faire de reproches. Cependant, curieusement, une nouvelle fois, un mieux général se fait sentir et la malédiction va se montrer légère un temps pour frapper à nouveau plus fort : combien de fois frappera-t-elle encore avant de me laisser en paix, définitivement ? Impossible à dire, je n'ai qu'à me résigner, prendre patience, faire les gestes de tous les jours et, en décembre 1897, je parviens à me traîner à l'arrivée du bateau de France : m'appuyant sur une canne, tentant malgré tout d'avoir l'air digne, m'étant habillé soigneusement – lentement comme un vieillard – d'un pantalon et d'un veston de toile bleue, m'étant chaussé de chaussures blanches et coiffé d'un chapeau de pandanus à larges bords, j'attends la distribution du courrier devant la poste. Pas de mandat, seulement le mot mensuel et fraternel de Monfreid, seulement un numéro de *la Revue Blanche* où j'ai la surprise agréable de découvrir imprimé la moitié de *Noa Noa.* Mais, malgré le vrai plaisir de voir qu'à Paris j'existe encore un peu, ce n'est pas cela qui me permettra de payer la nourriture du mois chez le Chinois – refusant désormais de me faire crédit –, ce n'est pas cela qui m'aidera à éponger mes dettes les plus criardes. Dans sa lettre Monfreid a beau m'exhorter – en bon marin qu'il est – à tenir la cape, il devrait savoir qu'on ne tient la cape, même la cape sèche, que moyennant un aperçu de trinquette et un morceau de brigantine, et j'ai beau chercher dans mes soutes ces bouts de toile, je ne les trouve pas ! Je n'ai même plus un morceau de pain et je vis avec un peu d'eau, avec des goyaves et des mangues qui poussent en ce moment, parfois avec quelques crevettes d'eau douce quand ma vahiné réussit à en prendre.

Pourtant, malgré tant de dénuement et de délabrement, je vois bien que je n'aurai pas la chance de mourir naturellement dans un proche avenir, et je prends la grande décision – la seule qui compte vraiment – de me tuer si, au prochain courrier de janvier 1898, je ne reçois pas d'argent. 1898, l'année de mes cinquante ans, voilà qui fera un chiffre rond, qui facilitera la tâche des biographes : à l'orée de son demi-siècle, après une vie de vains combats, après avoir peint mille trésors méconnus, le peintre Gauguin se donna la mort ! Ce sera très bien ainsi, *Requiem in pace* artiste malheureux à qui il reste un mois pour faire son testament, un testament pictural évidemment, une œuvre qui me prouvera que, même au bout ultime du rouleau, mon art est encore fort, ma pensée intacte, mon talent plus grand que jamais ! Et prendra vie, dans la passion extrême, sans me soucier ni d'argent, ni de santé ni de repos, un immense tableau, ma dernière histoire d'amour avec les formes et les couleurs, ma dernière vision du rêve qui, depuis l'enfance, a fait de moi un

Sauvage, mon dernier cri d'angoisse lancé vers le ciel : *D'où venons-nous ? Que sommes-nous ? Où allons-nous ?*

Sur une rugueuse et brute toile de jute – c'est tout ce qu'il me reste pour peindre – dont je tends quatre mètres sur un médiocre châssis de bois fabriqué à grand-peine, je créerai, tel le Dieu inconscient qui nous met au monde, des créatures de chair et de sang racontant la vanité de la connaissance, l'inutilité des vaines paroles, le regret immense d'un paradis perdu et la résignation devant la mort frappant avant que nulle réponse ne soit donnée aux D'où venons-nous ? Que sommes-nous ? Où allons-nous ? Au milieu d'une nature bleue et vert véronèse, devant la mer et Moorea au loin, douze humains – hommes et femmes – à tous les âges de la vie, au pied d'une grande idole indiquant l'au-delà, interrogent le ciel vainement et se résignent à la seule certitude accordée : il faut naître pour mourir, rien de plus, rien de moins, et la vie édénique en un Tahiti mythique et préservé – celui de mon tableau – n'y peut rien changer. Rien ne change, rien ne sert à rien, et pourtant – contradiction permanente – je peins cette toile habité par une foi absolue en l'art, fort d'une maîtrise et d'une liberté jamais égalées, une liberté que bientôt, grâce à moi, pourront revendiquer les jeunes peintres. Tout est peint, tout est dit, et c'est Noël solitaire devant ma grande œuvre où la signature encore fraîche sautille comme une petite étoile à la lumière sautillante de ma lampe à pétrole : étoile de Noël, étoile d'espoir ? Il n'y a plus d'espoir : le courrier de janvier n'apporte ni argent, ni bonne nouvelle : il n'y a plus qu'à mourir.

Péniblement je marche sur le chemin qui mène à la montagne, douloureusement j'entends les chants et les rires du Nouvel An qui s'échappent des *fare*, et la beauté de la nature tahitienne, explosant de vie et de couleurs en cet été austral, me fait sangloter. Pourtant, tirant la patte, je me hâte. La pente est rude, je tombe parfois, je m'accroche aux longues fougères, je tire, je pousse, je progresse, larmes et sueur mêlées, me déchirant aux ronces et aux épines, avançant pourtant, montant toujours vers la lumière de la clairière que je connais, là-bas, plus haut, et qui me permettra de mourir face au large, sans nulle trace d'humanité entre moi et les immensités du ciel et de l'Océan. Un silence épais m'entoure, je n'entends plus mon souffle rauque et le craquement des herbes écrasées par mon pas, et me voilà enfin émergeant dans la lumière, me voilà enfin face à la mort. Mes mains ne tremblent pas lorsqu'elles ouvrent la boîte d'arsenic, je n'ai pas un instant d'hésitation lorsque je porte à mes lèvres et que j'avale la poudre blanche. Avale, avale encore ! Plus tu avaleras, plus vite ce sera fini. Et j'en avalerai tant et tant de cette amère poussière que bientôt je me tordrai de douleur tout en vomissant. Pendant des heures et des heures, je me tordrai sur le sol, secoué de hoquets, vomissant, bavant, hurlant, pissant et chiant sous moi : vieux nouveau-né faisant le chemin à rebours et ne parvenant pourtant pas à franchir le seuil du néant. La carcasse se rompt, le cœur va lâcher, mes yeux vont se fermer, et le soleil et la pluie, et les fourmis et les rats viendront vite à bout de ce vieux tas de Gauguin immonde. Terribles souffrances ! Mille couteaux me fouaillent le ventre, et je crève de soif sans crever, et le soleil me brûle sans me consumer. Assez ! La nuit tombe. À présent j'ai froid, je tremble et je vomis toujours un amer, gluant et parcimonieux filet de bave. Assez ! Je suis vidé et je suis toujours là, tremblant sur mon lit de fougères souillé, et le jour se lève une nouvelle fois pour moi. Une nouvelle fois la mort m'a joué, m'a refusé : je dois vivre encore, je dois souffrir encore. Ce n'était là qu'une nouvelle station de mon chemin de croix, et je n'ai plus qu'à rentrer chez moi, titubant, rampant dans la lumière qui m'aveugle, sous le soleil qui sèche en plaques, sur mes vêtements, sur ma peau, de longues coulées de vomissures. N'est-ce pas la Bible qui dit que l'homme retourne à ses erreurs comme le chien retourne à son vomi ? Et moi je retournerai à la vie – abattu à jamais – comme l'animal impur retourne à son vomissement.

Les besoins reviennent, il faut les satisfaire. Je mange une banane en regardant des fourmis se débattre – et se noyer – au fond de l'assiette où stagnent la sauce et les rogatons du repas que j'espérais, hier, être le dernier. Les fourmis se noient et moi je suis toujours là, animal tragique et dérisoire capable de rêver sa mort, incapable de mourir. J'avance à petits pas craintifs jusqu'à l'eau vivante qui clapote sur la plage pour y jeter la peau du fruit – pas même un petit floc en surface –, et je déglutis difficilement la dernière bouchée de pâte douce, avant de lever lentement mon visage vers le ciel, murmurant : c'est moi et je suis encore là.

Me suis-je comporté ainsi au lendemain de ma mort ratée ? Sûrement pas. Je sais seulement qu'au retour de mon supplice je n'étais plus le même homme, je n'étais plus Gauguin, le peintre sauvage et obstiné, mais une chiffe molle, une caricature de ce que j'avais été. Encore présent au monde avec mes sanies et mes angoisses, toujours là physiquement avec les réflexes et les tics accumulés en cinquante ans, ce n'était, au vrai, qu'apparences, et le combattant, lui, n'était plus : les mille chimies du malheur, de la maladie et du poison l'avaient détruit définitivement cette nuit où j'avais cherché la mort avec trop de fureur pour qu'elle daigne m'emporter. Et j'étais là, au bord de mon lagon, prêt à rejoindre le médiocre troupeau de la société coloniale et à m'y plonger avec veulerie et même masochiste plaisir, prêt à aller au-devant d'une nouvelle et misérable vie qui me porterait encore cinq années. Je est un autre, a crié l'ami Rimbaud, et Je n'est sûrement plus ce Gauguin qui rassemble ses forces pour affronter Papeete et s'accrocher au quotidien le plus vulgaire ! Comme j'aimerais ne pas parler de ces cinq années, comme j'aimerais qu'on me laisse, au moins une fois, truquer les cartes et me permettre de disposer ici de ma vie et de ma mort : j'ai peint mon testament, j'ai jeté les trois questions essentielles à la face du monde, j'ai franchi les derniers mètres qui me séparaient du supplice et je me suis supprimé, créant ma mort comme j'avais voulu construire ma vie, maître de moi jusqu'au bout, monstre d'orgueil ayant voulu élever son art jusqu'à Dieu, ayant voulu être Dieu – en fait dérisoire mégalo qui n'a pas su se tuer et qui tombera encore de plus haut !

Et la damnation, effectivement, est là, bien là, au fond de ma tombe des Marquises où, même s'il ne reste plus un grain de poussière de ma carcasse, même si la terre de mon trou a retrouvé sa bonne odeur d'humus, je dois encore vivre et revivre mon parcours jusqu'à son ultime et véritable fin. Allons ! Il faut obéir à la force aveugle qui me pousse à recréer ce que je fus ou, tout au moins, ce que je fis, même si, après cinquante ans de bataille, l'Eugène Henri Paul Gauguin qui regarde, effaré, le lagon scintiller au soleil après son suicide manqué et qui s'apprête à rentrer dans le rang, n'a plus rien à voir avec l'artiste qui avait toujours voulu vouloir, qui n'avait jamais désarmé même sous les coups les plus rudes. Allons ! Finissons-en, et vite ! Si tout doit être dit, pesé, compté, rien ne m'oblige à m'étaler, à m'attarder sur ce qui ne me concerne plus – ou si peu : Gauguin est mort sur sa montagne, gavé d'arsenic, face au ciel et à l'Océan, et le reste n'est que contrefaçon et mauvaise plaisanterie. Mais qui osera rire en me regardant demander – en vain – un poste de secrétaire-trésorier à la Caisse agricole de Papeete, en me regardant accepter – humblement – un travail de dessinateur au service des Travaux publics pour six francs par jour ? Qui osera se moquer en me voyant abandonner la peinture pour un travail stupide pauvrement rétribué alors que, dès le printemps 1898, mes soucis d'argent s'estompent ?

Après avoir cloué les portes de mon *fare* de Punaauia, je m'installe en ville avec Pau'ura dans une petite maison sur le port, tout près de l'hôpital, peu loin du cimetière. Tous les matins je vais tirer des traits à l'encre violette et corriger les fautes d'orthographe de mon chef de service au fond d'un bureau moite, ou bien je pars sur des chantiers surveiller de lymphatiques manœuvres tahitiens qui creusent des fosses ou bouchent les trous du chemin. Est-ce moi ? Est-ce Gauguin le peintre qui s'abandonne ainsi au train-train abrutissant d'une sous-préfecture tropicale ? Non ! Je suis mort, et ce n'est que ma pâle doublure qui traîne de taverne en taverne, gorgée d'absinthe et de bière, qui prend à cœur les moindres événements de la société coloniale de Papeete, chicanant les notables et les agressant à tort et à raison. Un sursaut parfois, et l'ombre du vrai Gauguin quitte le mur où l'avait cloué le soleil torride, et ce sont encore quelques tableaux qui font croire – oh peu de temps – que la vie est encore habitable. De l'espoir parfois – argent de France, semblant de meilleure santé –, et la caricature cherche à se dépouiller de ses oripeaux, tente – en vain – de retrouver la stature de son modèle. Des illusions parfois, et c'est l'abandon du bureau avec la réinstallation dans la maison de Punaauia, et c'est

Pau'ura enceinte et la naissance d'un garçon, Émile, qui peut-être me raccrochera à la vie.

Mais rien de bon ne peut plus réellement m'arriver et je m'enfonce encore plus dans la nullité et la bassesse, fustigeant d'une plume vengeresse, en un style redondant et banal, dans deux feuilles de chou illustrées – *le Sourire, les Guêpes* –, fonctionnaires et notables de la place, me mêlant aux querelles dérisoires qui opposent catholiques et protestants, allant même jusqu'à tenir des propos racistes, écrivant, en l'automne 1900, que les Chinois ne sont que taches jaunes souillant notre pavillon national. Quelle honte ! Mais – encore une fois – Gauguin est mort sur sa montagne, Je est un autre, et je voudrais bien que plus un mot ne s'échappe de ma tombe des Marquises, que tout soit dit, tout soit clos, et que ne demeure de moi que le souvenir d'un homme fort et pathétique, que la présence au monde de mes – immortels ? – tableaux. Hélas, il est trop tôt pour se taire, et pourtant ce n'est pas parce que Vollard – marchand brigand – m'assure de Paris une rente mensuelle de trois cents francs puis de trois cent cinquante, ce n'est pas parce que le prince Bibesco et le viticulteur Fayet courent après mes tableaux, ce n'est pas parce que je suis enfin à l'abri du besoin et que ma peinture trouve enfin, en France, sa juste place – la plus haute – que je vais reprendre goût à la vie, que je vais regagner ma grandeur et ma dignité, que les plaies de ma carcasse vont arrêter de puer – pourriture vivante que fuient les plus vilaines vahinés, peintre assassiné qui depuis un an et demi ne peint plus.

L'hôpital est mon avant-dernière demeure, ce qui reste de Gauguin y séjourne souvent, mais, malgré tout, en 1901, je ferai un dernier voyage – Tahiti c'est terminé où je ne peux plus créer, où je ne peux plus baiser – et, aux Marquises, où peut-être j'entreverrai mon rêve de sauvagerie jamais trouvé, je mourrai en bandant, couvert de vahinés qui, pour quelque monnaie, supporteront mon corps souillé, oui, là-bas je mourrai planté dans un ventre femelle que je n'aurais jamais dû quitter ! En fait, la fièvre ne me quitte guère et il n'est plus temps de dissocier le bon du mauvais Gauguin, il n'est plus temps de parler de moi comme d'un être mystérieux qu'un suicide raté aurait fait basculer dans une autre vie pétrie de bassesse et de médiocrité. Maintenant il est temps de s'embarquer pour des îles presque encore anthropophages où, avant de mourir vraiment, bientôt, je trouverai un dernier feu d'enthousiasme qui rajeunira mon imagination et fera la conclusion de mon talent. Peinture, peinture toujours, même au cœur de l'homme brisé qui se traîne, courant septembre

1901, à bord de la *Croix-du-Sud*, destination Hivaoa, à sept cent cinquante miles de Tahiti !

Au fond de la baie des Traîtres, au village d'Atuona, en l'île d'Hivaoa, au milieu de l'archipel des Marquises, face à l'océan noir qu'aucun lagon, qu'aucun récif n'adoucissent, je ne renaîtrai pourtant pas de mes cendres qui auraient dû s'envoler, imprégnées d'arsenic, sur la montagne de Punaauia. Non, Atuona, dans ma maison que j'appellerai du Jouir, à l'abri du besoin, gavé de rhum et d'absinthe, couvert d'écolières endiablées arrachées à l'école des Sœurs, je me battrai contre mon ombre et m'enfoncerai dans la bêtise, prenant au sérieux les méfaits du gendarme et ceux de l'évêque, me perdant définitivement dans l'alcool et la luxure stupide – mon corps immonde grappillé par des fillettes ineptes –, jouant au défenseur de l'indigène tué peu à peu par les bienfaits européens – religion, syphilis, alcool –, oubliant presque ma seule raison d'être encore présent au monde : la peinture, l'art. Mais je parviens encore, parfois, de plus en plus rarement, à me hisser audessus de la baie des Traîtres, paréo autour des hanches, jambes bandées, dos voûté, béret vert sur mon crâne dégarni, appuyé sur l'une de mes lourdes cannes sculptées, pour méditer face au ciel et à l'Océan, ayant épuisé tout ce que la parole peut dire et sachant enfin qu'il ne devrait plus y avoir que le silence, encore le silence, croyant même, en regardant les fleurs immobiles et les oiseaux suspendus dans l'espace, approcher de la grande vérité : mais quelle est-elle – quelle était-elle ? – et pourquoi ne plus savoir la nommer ?

En redescendant vers la mer, dans ce décor grandiose tout en montagnes escarpées, en profondes vallées, sous ce ciel si vaste que les nuages y semblent immobiles, devant ces vagues qui ont franchi plus de milles marins qu'aucune vague au monde, l'angoisse m'étreint et je tremble à l'idée de la grande aventure qui s'annonce : la mort. J'étais courageux, indestructible, à présent je suis lâche et pusillanime comme un malade. Et j'ai peur, et j'ai honte ! L'art pour moi fut un sacerdoce : l'ai-je bien rempli ? Aurai-je été celui qui retourna aux limites de l'humanité pour tenter de saisir l'art dans sa pureté première ? Foutaises que tout cela, et j'ai peur ! Demain un cyclone balayant mon île annoncera la fin, demain l'administration me condamnant à trois mois de prison – pour avoir diffamé un gendarme ! – annoncera la fin, demain je serai sûrement aveugle et l'on me mettra en prison, demain je vomirai du sang et je deviendrai encore plus fou, demain je serai mort et tout recommencera.

Le 8 mai 1903, à sept heures, au lit, couché, gémissant, deux syncopes me secouent, à onze heures, au lit, couché, gémissant, inconscient presque, le cœur se gonfle, envahit ma poitrine, mon ventre, et j'éclate, j'accouche enfin, calme, sans douleur, inconscient, de ma mort. La boucle est bouclée, et me voilà déjà enterré en l'île d'Hivaoa, au cimetière d'Atuona, et j'entends au-dessus de ma tombe la grande procession des amis qui viennent bénir d'un coup de goupillon mon dernier abri. Ils sont nombreux, ils sont légion, ils sont tous là, Vélasquez, Rembrandt, Vinci, Delacroix, Courbet, Millet, Corot, Pissarro, Puvis de Chavannes, Moreau, Redon, Manet, Cézanne, Van Gogh, et bien d'autres, et les plus grands, et les moins grands, et même Baudelaire, et même Mallarmé, et même Rimbaud, et même deux jeunes gens que je ne connais pas et qui inscrivent d'un doigt, sur la terre de ma tombe, en grandes lettres rondes : Picasso, Matisse, merci... La pluie tombe, tiède, sur les crânes et les épaules des membres chaleureux de ma famille, et ils me quittent, ils s'en vont en procession vers la mer grise où les attend le grand bateau blanc qui les remportera vers l'Europe. Et moi, enfin séparé de mon double misérable, enfin libéré du pantin qui m'avait envahi depuis la nuit de l'arsenic, enfin livré à la mort et à ma damnation – tout revivre, tout redire –, je n'ai plus qu'à reprendre mon parcours dès le début, en espérant pouvoir, cette fois nouvelle, ne pas rater mon suicide et échapper ainsi à l'ignominie de mes dernières années, en espérant surtout que cette nouvelle fois sera la dernière, que la mort sera enfin le moment vrai où je vivrai heureux.

CET OUVRAGE A ÉTÉ ACHEVÉ D'IMPRIMER PAR L'IMPRIMERIE DARANTIÈRE À QUETIGNY EN MAI 2003, POUR LE COMPTE DES ÉDITIONS DE LA TABLE RONDE.

Dépôt légal : mai 2003.
N° d'édition : 3701.
N° d'impression : 230548.

Imprimé en France.